COACHING & ANÁLISE DE PERFIL

CONHECENDO A SI MESMO E ALCANÇANDO RESULTADOS

COORDENAÇÃO: ANDRÉIA ROMA & ANA VALÉRIA B. GOUNARIS

PREFÁCIO: JUKKA SAPPINEN
FUNDADOR E CEO DA EXTENDED DISC®

1ª edição

São Paulo, 2016

Copyright© 2016 by Editora Leader
Todos os direitos da primeira edição são reservados à **Editora Leader**

Diretora de projetos
Andréia Roma

Diretor executivo
Alessandro Roma

Projeto gráfico e diagramação
Roberta Regato

Capa
Raul Rangel

Revisão
Miriam Franco Novaes

Consultora de projetos
Érica Ribeiro Rodrigues

Gerente Comercial
Liliana Araujo Moraes

Impressão
Prol Editora Gráfica

Dados Internacionais de Catalogação na Publicação (CIP)
Bibliotecária responsável: Aline Graziele Benitez CRB8/9922

C581

Coaching e análise de perfil: conhecendo a si mesmo e alcançando resultados / coordenação de Andréia Roma, Ana Valéria de Barros Gounaris.
1.ed. –   São Paulo: Leader, 2016.

ISBN: 978-85-66248-54-8

1. Coaching. 2. Comportamento. 3.Relação Interpessoal. I. Gounaris, Ana Valéria de Barros. II. Título. CDD 155.7

Índice para catálogo sistemático: 1. Coaching: comportamento 155.7

EDITORA LEADER
Rua Nuto Santana, 65, 2º andar, sala 3 - Jardim São José, São Paulo - SP
02970-000 / andreiaroma@editoraleader.com.br
(11) 3991-6136

> "Feliz aquele que transfere o que sabe e aprende o que ensina."
> (Cora Coralina)

Agradeço a Deus a cada projeto materializado.

Agradeço também à coordenadora convidada, Ana Valéria Gounaris, a sua dedicação e comprometimento para realização desta obra.

Agradeço aos coautores convidados, que desenvolveram com maestria o conteúdo apresentado.

Acreditamos que as ferramentas aqui apresentadas podem trazer resultados gigantescos para profissionais e Organizações.

Andréia Roma
Fundadora da Editora Leader
e Coordenadora Editorial

ÍNDICE

Prefácio 7
Introdução 11

Capítulo 1 - Ana Cintia Nery Avelar 21
ENTENDENDO A SI PRÓPRIO E AO PRÓXIMO

Capítulo 2 - Ana Paula Rocha 31
AUTOCONHECIMENTO E PERSPECTIVA DE FUTURO

Capítulo 3 - André Lemos Araújo 41
CARREIRAS DE SUCESSO, A IMPORTÂNCIA DO *COACH* PARA A ORIENTAÇÃO PROFISSIONAL

Capítulo 4 - Christiane Ferreira Bersi 49
OFICINAS DE *COACHING*

Capítulo 5 - Claudia Algoso Frasson & Evelyn Guelfi 57
RESULTADOS OBSERVÁVEIS EM *COACHING*

Capítulo 6 - Cristina Oliveira Lopes 65
FEEDBACK E *FEEDFORWARD*

Capítulo 7 - Diane Ponce Valle 75
AUTOCONHECIMENTO, FORMA ASSERTIVA DE ESCOLHA PROFISSIONAL

Capítulo 8 - Edgard Pitta de Almeida 85
PERFIL COMPORTAMENTAL E SUCESSO EM VENDAS

Capítulo 9 - Fabiane Carvalhais Regis 93
PERGUNTAS PODEROSAS E PERFIL COMPORTAMENTAL

Capítulo 10 - Fernando Lm Moura 101
PROCESSO DE *COACHING* E PERFIL PESSOAL

Capítulo 11 - Irene Azevedo 111
Como Desenvolver o Perfil Procurado Pelas Organizações?

Capítulo 12 - Lucilene Tofoli 119
Life Design: Carreira e Adaptabilidade

Capítulo 13 - Marcos Minoru Nakatsugawa 129
Aplicações Práticas Alternativas em Experimentos de
Desenvolvimento de Competências em Pessoas

Capítulo 14 - Meiling Canizares 137
Aplicação da Análise de Perfil ao Coaching de Liderança e Carreira

Capítulo 15 - Pedro Macedo 147
Desenvolvendo a Cultura de Coaching na Organização

Capítulo 16 - Rita Eltsinof 157
Desenvolvendo Competências Pessoais Através do Coaching

Capítulo 17 - Rosângela Barcellos 167
Será que Criamos um Sistema que é Imune a Mudança?

Capítulo 18 - Thayana Benmuyal Barroso 177
Coaching: Processo de Empoderamento e Autoconhecimento

Capítulo 19 - Vanessa Milon 185
Líder Coach e o Compromisso no Sucesso Profissional do seu Time

Capítulo 20 - Vanusa Cardoso 195
Liderança de Dentro para Fora: o Poder do Autoconhecimento

Capítulo 21 - Vladmir Stancati 205
A Comunicação no Processo de Coaching

Coaching & Análise de Perfil

Prefácio

Caro leitor,

Cerca de 20 anos atrás eu estava em algum lugar na China realizando uma apresentação para um grande grupo de executivos e gestores de recursos humanos. Naquela época, eu visitava a China algumas vezes por ano, atendendo a milhares de pessoas em sessões de treinamento por todo o país. Eu não estava sempre certo do que eles de fato esperavam de mim, mas eu fazia o meu melhor para descrever como as pessoas são diferentes, como você pode prever o comportamento de uma pessoa e influenciá-lo, e desta forma melhorar o desempenho organizacional. Em uma dessas sessões, um homem se levantou, interrompendo minha fala, e exclamou: "Você é um *fortune teller*[1]".

Somente após a sessão, foi-me explicado que na China esse é um dos maiores elogios que você pode dar a uma pessoa. Este foi um dos muitos incidentes semelhantes que eu tenho experimentado ao redor do mundo que me fizeram perceber que algo que é tão evidente e familiar para mim pode ser tão novo e valioso para outra pessoa. E o mais importante, essa outra pessoa pode também transmitir este conhecimento a mais alguém.

Este livro conta a história de *fortune tellers*. São pessoas que foram apresentadas ao conhecimento, treinadas e certificadas para usá-lo. Eles contam em suas próprias palavras como eles têm sido capazes de ajudar seus funcionários ou clientes com a informação e conhecimento. Isso me deixa muito orgulhoso de que eu tenha sido capaz de criar algo que as pessoas possam utilizar para ajudar umas às outras.

Eu trabalho frequentemente com equipes esportivas, inclusive em nível nacional, como as equipes da seleção finlandesa de basquete e voleibol. Nos esportes, a ligação entre ação e resultado é direta e clara, você pode facilmente ver o resultado de suas ações – e eles são mensurados. E você é tão bom quanto foi o seu último jogo. Para mim, não apenas por ser um ex-jogador de basquete, este ambiente proporciona um excelente campo de testes para os meus métodos e abordagem.

---

1. *Fortune Teller*: pessoa de reconhecida sabedoria e capacidade de fazer previsões. São consultados sobre importantes decisões pessoais e profissionais. Na sociedade chinesa, fortune telling é uma parte respeitada e importante da cultura social e de negócios. *Fortune tellers* assumem um papel que é equivalente ao de consultores de gestão e psicoterapeutas na sociedade ocidental.
Fonte: https://en.wikipedia.org/wiki/Chinese_fortune_telling. Acesso em 20/05/2016.

Um treinador chefe de um time esportivo é tão solitário como um CEO em organizações empresariais. Eles tomam as decisões e assumem a responsabilidade, não somente por suas próprias ações, mas pelas ações das pessoas que trabalham para eles. Para ter sucesso, eles precisam ter ajuda de pessoas em quem possam confiar - pessoas as quais forneçam informações que os ajudem a tomar decisões certas. É nisso que nós, com as nossas ferramentas e conhecimentos, podemos ajudá-los.

Seja na liderança e gestão de pessoas como no gerenciamento de máquinas, é necessário entender como funcionam, isto é, "se eu fizer isso, qual será o resultado então". A diferença que os gestores às vezes esquecem é que, ao contrário das máquinas, cada ser humano é único. Seus valores, experiência, conhecimento, expectativas, motivação, habilidades, condição física e mental, como suas preferências comportamentais formam uma combinação única que nenhuma outra pessoa possui. Não podemos tratá-los da mesma maneira, esperando o mesmo resultado. Você não pode liderar pessoas se você não as compreender - você tem de respeitar as pessoas para obter o seu respeito.

Comecei a criar o Sistema *Extended* DISC® em 1991. A ideia naquela época não era construir um negócio global, mas criar o melhor conjunto de ferramentas possível para os gestores compreenderem pessoas e para os funcionários compreenderem a si mesmos e outras pessoas acerca deles. Eu não estava no negócio de venda de avaliações – eu ainda vejo da mesma forma.

O fato de que crescemos e nos tornamos uma organização e marca reconhecida globalmente é mais um resultado da interminável busca por novas maneiras de como podemos melhor ajudar os nossos usuários do que um esforço para vender mais. De fato, todos os nossos parceiros ao redor do mundo nos encontraram, ao invés de nós estarmos à busca de novos canais de vendas.

Acredito que a minha principal responsabilidade, como fundador do Sistema *Extended* DISC®, é ajudar nossos usuários a ter sucesso. Da mesma forma, vejo que a principal responsabilidade de um gestor é ajudar seus funcionários a ter sucesso em seu trabalho. Quanto melhor eu compreendo nossos usuários e melhor um gestor compreende seus funcionários, mais nós poderemos ajudá-los – e melhor faremos nosso trabalho.

Eu me senti muito honrado quando me pediram para escrever algumas palavras para este livro. Você pode acreditar que está fazendo as coisas certas e que criou o melhor produto, mas quando você ouve as histórias de como outros têm sido capazes de ajudar as pessoas a ter sucesso com as informações, você sabe que tem sido capaz de dar a sua contribuição para o mundo.

Apenas um mês atrás, um bom amigo da Jamaica disse-me que porque eu criei um produto como este tornou-se minha responsabilidade garantir que todos tenham a oportunidade de ouvir a respeito. Agradeço a Ana Valéria e Jorge Gounaris por compartilhar esta responsabilidade comigo através da criação deste livro. Desejo a todos uma viagem muito proveitosa para o que há de mais interessante e importante no nosso mundo – a compreensão de nós mesmos.

Alguns anos atrás, eu estava conduzindo um Treinamento de Certificação na Índia, quando um dos participantes se levantou, caminhou até mim, apertou minha mão e disse: "Obrigado, você acabou de salvar minha vida". Ele nunca me explicou o que eu tinha feito para salvar a vida dele, mas eu entendi que era algo que eu tinha dito sobre ele que o ajudou a compreender melhor suas emoções e sentimentos. São estes momentos que justificam o que fazemos.

JUKKA SAPPINEN
FUNDADOR E CEO DA *Extended* DISC®

"Conheça todas as teorias, domine todas as técnicas, mas ao tocar uma alma humana, seja apenas outra alma humana."
(Carl Gustav Jung)

Coaching & Análise de Perfil

Introdução

Este livro emergiu do desejo de inspirar pessoas a alcançar melhores resultados na vida e na carreira através de processos de desenvolvimento e *Coaching*, partindo do autoconhecimento facilitado pela análise de perfil.

Foi gratificante ter sido a coordenadora editorial desta obra conjunta, em parceria com a Editora Leader, e com todos os coautores oferecer ao leitor esta coletânea repleta de diversidade e riqueza de realizações, contando relatos de casos práticos e experiência aplicada por gestores e consultores de organizações, *Coaches* e orientadores vocacionais e de carreira oriundos das cinco diferentes regiões do Brasil.

Este será um capítulo introdutório à Análise de Perfil *Extended* DISC®, visando facilitar a compreensão do assunto quando tratado nos capítulos que compõem este livro.

Na minha experiência como *Coach* trabalhei com várias ferramentas buscando facilitar o autoconhecimento de meus clientes e alavancar o processo de *Coaching* em direção a resultados perceptíveis. Porém, muitas ferramentas diziam o que já era sabido, e o cliente apenas constatava o que já sabia sobre si mesmo. O que faltava era impacto nas informações para projetar o cliente para o futuro desejado, encaminhando-o a uma decisão do que fazer a partir daquele momento.

Em 2004, quando tive meu primeiro contato com o modelo *Extended* DISC®, fiquei surpresa, pois, apesar de já conhecer outras ferramentas, nenhuma delas identificava 160 estilos comportamentais diferentes, permitindo-me reconhecer a pessoa a minha frente em sua singularidade.

Esta diversidade de perfis somente é possível porque a base teórica de construção da ferramenta contempla a Teoria dos Tipos Psicológicos, desenvolvida pelo psiquiatra suíço Carl Gustav Jung (1875-1961), estendida pela Teoria DISC®, do psicólogo americano Willian Moulton Marston (1893-1947), e estruturada no Modelo dos Quatro Quadrantes (4Q), o qual é aplicável ao desenvolvimento humano e organizacional. Tais elementos geraram um modelo holístico em três dimensões, no formato de diamante, a seguir representado em figura com vista de plano de topo:

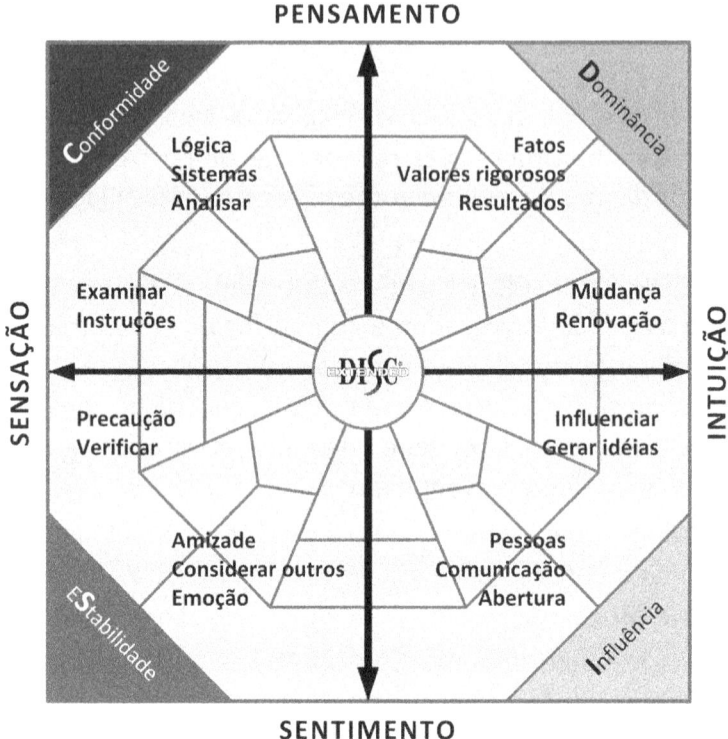

Copyright © Extended DISC Internacional – Todos Direitos Reservados – Utilizado com Permissão

Nesta figura, podem-se observar dois eixos que cruzam o diamante, a partir de quatro pontos que definem os territórios das preferências. "As quatro funções são algo como os quatro pontos cardeais, tão arbitrárias e tão indispensáveis quanto estes." (JUNG, 1991). Em seu livro "Tipos Psicológicos", Jung identifica que as diferenças entre as pessoas são determinadas pela maneira preferencial que realizam funções ou processos mentais de:

• **Percepção:** coleta de informação baseada na:

Sensação - obtém informações através dos cinco sentidos. São focados no real e concreto, em coisas e fatos, no aqui e agora.

Intuição - obtém informações através do "sexto sentido". São focados em ideias, possibilidades e alternativas, no futuro e abstrato.

• **Julgamento:** organização de informações baseada no:

Pensamento - decidem organizando e estruturando logicamente, com objetividade.

Sentimento - decidem levando em consideração seus princípios e valores pessoais, de forma subjetiva.

Os conceitos propostos por Marston, em seu livro *"Emotions of Normal People"*, publicado em 1928, tiveram contribuição fundamental para a criação de ferramentas de análise de perfil baseadas na Teoria DISC, embora não haja registro de que o próprio Marston tenha criado nenhuma ferramenta com esta finalidade.

Em cada canto do diamante observam-se as quatro principais categorias de respostas do comportamento humano, apresentadas na **Teoria DISC**, demonstrando o estilo comportamental através de:

• **Dominância:** foco na resolução de problemas e desafios. Tipicamente: competitivo, decidido, direto, exigente, orientado para metas, ousado, rápido. Costuma ser impaciente e fala diretamente sobre o tema em questão. Quase sempre está com pressa e participa de muitos projetos simultâneos. Nem sempre é cortês. Prefere coletar informações através da função Intuição e prefere processar decisões através da função Pensamento.

• **Influência:** foco nas pessoas e em como influenciar. Tipicamente: comunicativo, convincente, encantador, entusiasmado, espontâneo, otimista, sociável. Aberto e amigável, expressa suas opiniões, quando concorda com você. Enfatiza o lado emocional de assuntos, pessoas e coisas. Prefere coletar informações através da função Intuição e prefere processar decisões através da função Sentimento.

• **eStabilidade:** foco no equilíbrio entre constância e mudanças. Tipicamente: bom ouvinte, cauteloso, cortês, diplomático, leal, paciente, ponderado. Seguro e firme. Procede cuidadosamente. Ouve e assente. Prefere coletar informações através da função Sensação e prefere processar decisões através da função Sentimento.

• **Conformidade:** foco nas regras e procedimentos estabelecidos. Tipicamente: controlador, convencional, detalhista, perfeccionista, realístico, sistemático. Procura ter tudo em ordem. Concentra-se em detalhes, é persistente. Prefere coletar informação através da função Sensação e prefere processar decisões através da função Pensamento.

Temos em cada canto as quatro dimensões comportamentais puras:

"D", "I", "S" ou "C", sendo que o diamante é dividido em 160 áreas (40 em cada quadrante), a partir de uma combinação destas quatro principais dimensões, em maior ou menor grau. Tais combinações geram perfis compostos (DI, DC, DIS, ID, IS, IC, SDI, SC, CDI, CS etc.), nos quais as características também se misturam, apesar de que haverá uma predominância da dimensão que atua com maior força, e será nesta área ou quadrante do Diamante *Extended* DISC® onde o perfil natural daquela pessoa estará situado.

Para que seja realizada a análise de perfil através do *Extended* DISC® online, em cerca de sete a dez minutos, deverá ser respondido um inventário de 24 blocos de pares de palavras, disponível em mais de 60 idiomas.

Em cada bloco de pares de palavras, o respondente escolherá o que "MAIS" se identifica, e o que "MENOS" se identifica. De forma que em cada bloco restarão duas linhas de palavras não escolhidas.

Essencialmente, as respostas são tabuladas por meio das escolhas de "MAIS" e "MENOS" em uma distribuição de frequência de cada estilo comportamental: D, I, S, e C. Não há respostas certas ou erradas. Os resultados são diferentes, e nenhum deles é melhor ou pior do que o outro.

A informação contida nos relatórios de Análise Pessoal *Extended* DISC® refere-se ao "comportamental natural", isto é, ao estilo comportamental que requer menos energia e esforço, sendo o mais frequentemente exibido no comportamento do respondente.

O perfil DISC que vai além

> "Dentro de cada um de nós há um outro que não conhecemos." (Carl Gustav Jung)

Outro aspecto que me cativou nesta ferramenta foi o fato de apresentar as pessoas em movimento, e não frente a um estado imutável. As Zonas de Flexibilidade no Diamante *Extended* DISC® apresentam as áreas de maior e menor facilidade para desenvolvimento de cada pessoa. Não há limitação do potencial, mas sim prognóstico de maior ou menor esforço para adaptação.

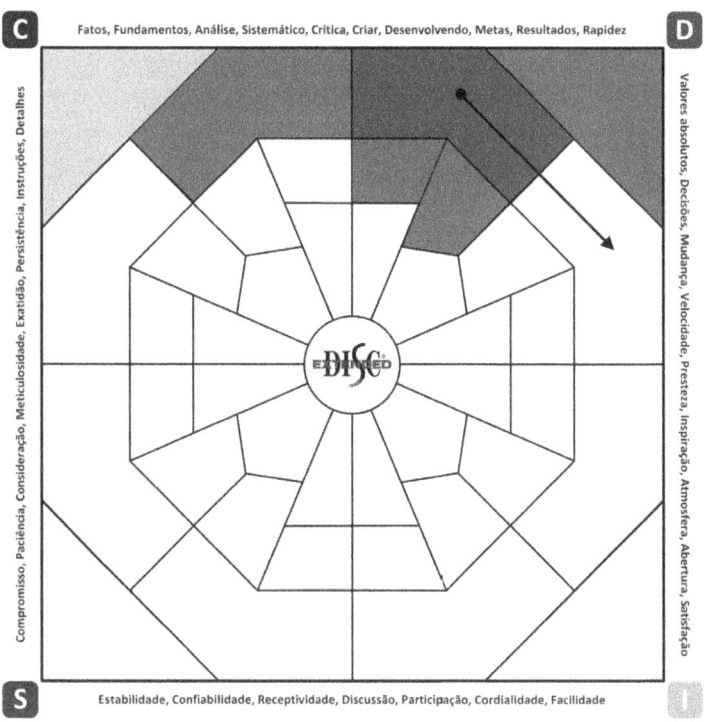

Ao olhar seu próprio resultado, a pessoa vê além do que ela já sabia, pois reconhece sua demanda de adaptação, sua resposta em face das exigências do ambiente em que está atuando e qual a energia que terá de investir no seu processo de mudança. Esta descoberta não se limita a algo que a pessoa não sabia, mas ela também aprende a compreender porque se sente de certa forma em determinada situação, seria como: entender porque eu sou o que eu sou. Portanto, tornando-se mais consciente do:

• **Estilo Natural (Perfil II):** exata posição representada por **um ponto**, mas também identificando o quadrante onde está localizado no Diamante *Extended* DISC® e a Zona de Flexibilidade natural da pessoa dentro e fora do quadrante, o que ilustra a resposta natural daquela pessoa a um estímulo externo. É o modelo de comportamento que para ser apresentado requer menos energia e esforço, o mínimo de concentração e é geralmente o mais confortável para a pessoa.

• **Estilo a Ser Ajustado (Perfil I):** representado por **uma seta** cuja direção e comprimento mostram a compreensão consciente de adaptação do próprio comportamento daquela pessoa na presente situação, visando ajustar-se às exigências de seu ambiente atual. Percepção de que não deveria mais comportar-se no Estilo Natural (origem da seta), em vez disso precisa ou quer comportar-se de outra forma (ponta da seta), isto é o Estilo a Ser Ajustado.

O **Perfil II** responde à pergunta: "Qual é o comportamento espontâneo desta pessoa?" E o **Perfil I** responde à pergunta: "Como esta pessoa sente que necessita ou deseja ajustar seu comportamento para melhor atender as demandas de seu ambiente atual?"

Ao comparar o Estilo Natural e o Estilo a Ser Ajustado será possível compreender a necessidade de adaptação da pessoa e se este ajuste a torna susceptível ao estresse por colocá-la fora de sua área de conforto, em longo prazo.

Esta ferramenta mensura o comportamento inconsciente da pessoa e o compara com a sua percepção consciente da necessidade de ajustar seu estilo de comportamento, permitindo conhecer suas emoções no momento do preenchimento do inventário, fornecendo dados tais como: níveis de estresse, incerteza de seu papel, insegurança, frustração, pressão para mudar etc. O que fornece ao *Coach* a oportunidade de ser empático com seu cliente e capaz de apoiá-lo na construção da jornada rumo ao futuro desejado.

Perfil Multipessoal

> "Tudo o que nos irrita nos outros pode nos levar a uma melhor compreensão de nós mesmos." (Carl Gustav Jung)

Além do perfil individual, também é possível fazer o mapeamento de perfil de um grupo de pessoas, compilando os resultados de um número ilimitado de pessoas no mesmo gráfico Diamante *Extended* DISC®. Desta forma, será possível fazer a análise do perfil de: *Coach* e *coachee*, líder e liderado(s), equipe de vendas, time de liderança ou até mesmo de toda a organização.

Instrumento poderoso para uma leitura instantânea do perfil predominante de um grupo de pessoas, para facilitar a interação entre os membros de uma equipe, tornando-os conscientes das diferenças individuais, melhorando o relacionamento entre eles e potencializando os resultados a serem atingidos.

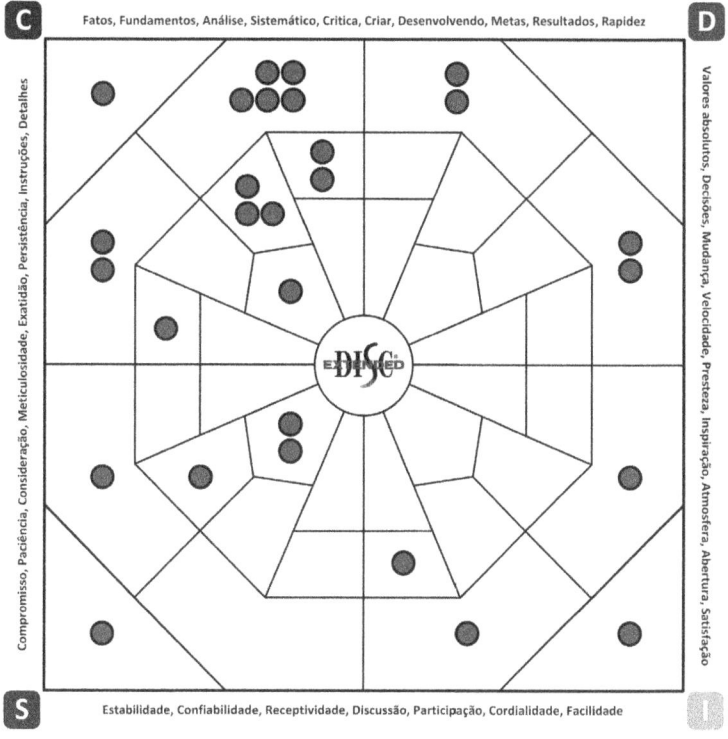

Copyright © Extended DISC Internacional – Todos Direitos Reservados – Utilizado com Permissão

Esta forma de consolidar resultados da análise de perfil é aplicável em processos tais como:

• **Coaching**: identificação das diferenças de estilos e formatos de aprendizagem, visando privilegiar a identidade do *coachee* no processo.

• **Desenvolvimento de equipes de trabalho/projeto:** para uma melhor interação comportamental entre os integrantes, a partir do conhecimento de seu próprio estilo e dos outros.

• **Mapeamento de estudantes/professores:** para conhecer integrantes de uma turma, verificando características que se destacam em cada um e percebendo necessidades individuais e do grupo.

- **Resolução de conflitos:** identificando divergências, lacunas, mostrando as diferenças entre os estilos e apoiando as pessoas a lidarem com as diferenças de cada um.
- **Melhoria da comunicação:** para identificar as diferenças nos estilos, apoiando no processo de melhoria da comunicação entre pessoas, áreas e organizações que se relacionam e negociam.

Na formação de equipes de trabalho, recrutamento interno ou externo é fundamental identificar qual papel de relacionamento cada pessoa naturalmente assume na equipe, o que caracterizará sua atitude perante o time, a forma de atuar e interagir com outros integrantes. A depender da posição no Diamante *Extended* DISC® em que o Perfil Natural da pessoa em questão estiver situado, ela assumirá preferencialmente um dos dez papéis de relacionamento na equipe: Modificador, Influenciador, Planejador, Desenvolvedor, Encorajador, Participante, Comunicador, Realizador, Assegurador ou Especialista.

A consciência do papel de cada um para os resultados de todos torna a dinâmica da equipe mais clara, na medida em que as diferenças passarão a ser potenciais aspectos a serem complementados, tornando as pessoas envolvidas mais integradas, competentes e felizes.

Autoconhecimento & Mudança

"O que não enfrentamos em nós mesmos acabaremos encontrando como destino." (Carl Gustav Jung)

Nos capítulos que se seguem, o leitor terá a oportunidade de conhecer diferentes perspectivas da análise de perfil e espero que tenha fornecido informações úteis para facilitar esta jornada de conhecimento.

A utilização desta ferramenta em *Coaching*, com os mais diferentes propósitos, demonstrou que a partir do autoconhecimento e da consciência de que entendendo a si próprio torna-se possível fazer escolhas quanto ao que mudar na forma de agir e se relacionar com as pessoas ao redor.

Se houve entendimento dos conceitos em que a análise de perfil se baseia e oportunidade de a pessoa identificar seu próprio estilo (natural e a ser ajustado), o próximo movimento é para o futuro desejado. Para onde quer ir? Que metas quer alcançar? Quais competências irá desenvolver? Quais comportamentos modificar?

Este será o rumo que o *Coaching* tomará, sendo que cada trajetória será única, e como tal repleta de oportunidades!

Agradeço a todos que colaboraram para que esta obra se tornasse uma realidade, em especial ao meu marido Jorge Gounaris pelo seu apoio incondicional, à Jukka Sappinen pela sua inspiração, à *Extended* DISC® no Brasil e em todo o mundo pelo compartilhamento contínuo, à Andréia Roma pela sua confiança, aos clientes e parceiros que se tornaram coautores por terem atendido ao chamado para escrever e realizado o sonho que escolheu a cada um para ser realizado. E, por fim, relembro as sábias palavras do *Coach* Marshall Goldsmith: seja feliz agora; faça o que puder para ajudar as pessoas; e, se tiver um sonho, não importa qual seja, vá realizá-lo!

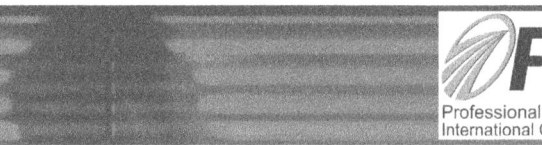

ANA VALÉRIA DE BARROS GOUNARIS

Credenciada pela ICF *(International Coach Federation)* como PCC - *Professional Certified Coach*, com certificação em programas nacionais e internacionais de *Coaching* e *Mentoring*. Certificada em Análise de Perfil Pessoal, de Equipes e Organizações pela *Extended* DISC®. Mestre em Psicologia com ênfase em Fundamentos Psicossociais do Desenvolvimento Humano, psicóloga, pós-graduada em Administração de Empresas, com diversas especializações. Diretora da *Extended* DISC Brasil, reunindo mais de 30 anos de experiência profissional atuando como executiva de RH, líder de pessoas e projetos, docente, conferencista, facilitadora, consultora, *Coach* e coautora do livro "O Poder do *Mentoring* & *Coaching*", Editora Leader.

www.extendeddisc.com.br

REFERÊNCIAS BIBLIOGRÁFICAS

EXTENDED DISC®. Manual do Treinamento de Certificação. São Paulo, 2016.

JUNG, Carl Gustav. Tipos Psicológicos. Petrópolis: Editora Vozes,1991.

MARSTON, Willian Moulton. *Emotion of Normal People*. New York: Harcourt, Brace and Company, 1928.

Portais acessados em 10 de maio de 2016:

http://www.extendeddisc.com.br/

http://www.extendeddisc.com/unique-features/

https://www.youtube.com/watch?v=ClDsAKdkiSs

COACHING & ANÁLISE DE PERFIL

1

ENTENDENDO A SI PRÓPRIO E AO PRÓXIMO

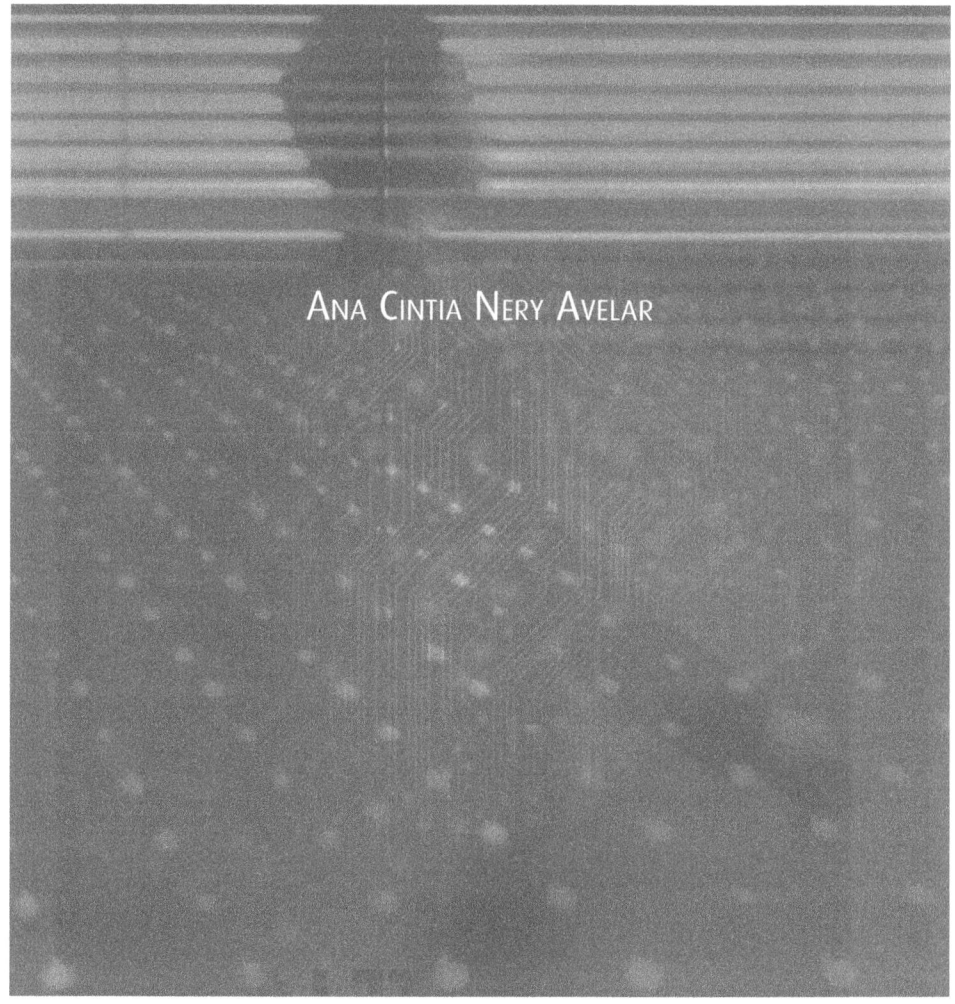

ANA CINTIA NERY AVELAR

Ana Cintia Nery Avelar

Assistente Social. Pós-graduada em Administração de Recursos Humanos. MBA em Estratégia de Negócios e Gestão de Pessoas. Certificada no *The Coaching Clinic* pela *Corporate Coach* U e certificada em Análise de Perfil Pessoal e de Equipes pela *Extended* DISC®, reunindo experiência profissional na Área de Recursos Humanos desde 1991. Carreira profissional construída em empresas de grande porte e multinacionais. É diretora de Recursos Humanos da Zoetis Ind. Produtos Veterinários. Filha de Antonio e Adélia, irmã de Carlos e Júlio, esposa de Américo e mãe de Matheus e Enzo.

anacintiaavelar@ig.com.br
br.linkedin.com/in/anacintianeryavelar/

> "A maior sabedoria que existe é a de conhecer-se a si próprio." (Galileu Galilei)

No atual cenário competitivo, as organizações estão passando por momentos de intensa mudança interna e externa, a concorrência está acirrada e os clientes mais exigentes. Essa competitividade demanda maior atenção sobre todos os processos de crescimento e produtividade por parte da organização, o que envolve absolutamente todos os colaboradores.

As organizações precisam desenvolver a capacidade de mudar, criar e fomentar habilidades e atitudes, de inovar incessantemente, a fim de criar um ambiente que favoreça a aprendizagem. Com isso, vão se transformando gradativamente em organizações que aprendem e potencializam sua capacidade de adaptação à mudança e crescimento contínuo.

Considerando todos esses fatores, tão essenciais, ao longo desse período de transformação, temos de buscar nosso desenvolvimento, o que torna indispensável o exercício do autoconhecimento, para que se tenha um melhor desempenho dentro das empresas e também no âmbito familiar. É fundamental!

Então, o que é autoconhecimento? É a capacidade de reconhecer e compreender o nosso humor, emoções e condutores, bem como o entendimento destes efeitos sobre os outros, como:

CONSCIÊNCIA EMOCIONAL	AUTOCONHECIMENTO PRECISO	AUTOCONFIANÇA
Reconhecer suas emoções e suas áreas de desenvolvimento. Saber quais emoções você sente e por quê, fazendo ligações entre sentimentos e pensamentos, ou seja, o que falamos e o que fazemos. Reconhecer como seus sentimentos afetam seu desempenho.	Estar ciente dos seus pontos fortes e de suas limitações. Refletir e aprender com as experiências. Estar aberto so *feedback* sincero e novas perspectivas. Olhar para uma aprendizagem contínua e autodesenvolvimento. Demonstrar senso de humor e conhecimento de si mesmo.	Ter um forte senso de sua autoestima e capacidades. Apresentar-se com autoconfiança. Estar disposto a expressar as suas opiniões, mesmo que sejam impopulares. Tomar decisões apesar das incertezas e pressões.

Figura 1: Autoconhecimento
Fonte: Elaborado pela autora com base em PRICE (2014).

Relacionamento Intrapessoal

"Relacionamento intrapessoal é a integração entre autoconhecimento, gestão das emoções e automotivação. É o eixo organizador da vida, e porque não dizer da alma humana." (GOLEMAN, 2015)

Não podemos falar de habilidades intrapessoais, sem falar daquela paixão para trabalhar por motivos intrínsecos que vão além do dinheiro ou status, uma propensão para perseguir objetivos com energia e persistência ligada à realização, compromisso, iniciativa e otimismo, denominada motivação.

Autoconhecer-se é buscar respostas e entendimento para várias questões sobre nós mesmos e sobre a nossa vida, em nosso interior. Esta busca amplia as nossas percepções.

Quem não sabe o que é autoconhecimento e não o pratica, acaba sofrendo com problemas muito usuais, como depressão, angústia e transtornos de ansiedade. Certamente, se você se conhecer melhor, passará a ter o hábito de refletir antes de agir e de controlar melhor suas emoções.

Alexandre Magno, mais conhecido como Alexandre, o Grande, sabiamente disse: "Conhecer a si mesmo é a tarefa mais difícil, pois incita diretamente a nossa racionalidade, mas também coloca à prova nossos medos e paixões. Se conseguirmos nos conhecer a fundo, saberemos compreender os outros e a realidade que nos rodeia".

Vantagens do Autoconhecimento

"O autoconhecimento potencializa a identificação de nossos pontos fortes e os pontos a desenvolver. Acessar estas informações antecipadamente reforça o nosso compromisso com o desenvolvimento e minimiza os desgastes quando estes são trazidos pela liderança. No contexto competitivo em que vivemos, nos antecipamos ao autoconhecimento eleva a nossa imagem perante a organização sobre a gestão da nossa carreira."
(PACO ORTIZ, vice-presidente sênior da Zoetis Brasil, 2016).

Muitas são as vantagens que este mergulho na caverna do "Eu" traz para a vida de todos nós. Um mergulho que nos remete a uma citação originada na Grécia Antiga, de autoria de Sócrates, o mais famoso dos filósofos atenienses: "Ó, homem, conhece-te a ti mesmo e conhecerás o Universo e os Deuses".

O autoconhecimento permite que a pessoa se identifique e desenvolva as suas competências técnicas e comportamentais, se tornando um agente do processo de desenvolvimento e crescimento principalmente na vida profissional.

Segundo o escritor Ron Price: "Uma das características essenciais para uma liderança eficaz é o autoconhecimento. Peter Drucker enfatizou a necessidade de todos os líderes entenderem onde eles podem contribuir com mais valor e, portanto, organizar-se em torno destes pontos fortes. Ao longo dos últimos 30 anos de trabalho com líderes, eu descobri que até que um líder realmente entenda seus pontos fortes e fracos ele não pode intensificar o seu impacto e contribuição. Há muitas camadas do autoconhecimento, o que levou Sócrates a enfatizar que um dos principais desafios da vida é 'Conhece a ti mesmo'. DISC e outras avaliações de mapeamento de talentos nos permitem adquirir conhecimentos profundos sobre como as pessoas respondem aos problemas e desafios, influência e interação com os outros, responder ao ritmo e risco de mudança, e cumprir ou desafiar as regras criadas por outros. Com essas informações, podemos de forma mais eficaz organizar em torno de pontos fortes e neutralizar os pontos fracos".

Dentre as vantagens do autoconhecimento, destacam-se:

✓ Aumenta a compreensão do nosso comportamento e o daqueles que nos rodeiam.

✓ Favorece a nossa comunicação e interação com pessoas.

✓ Promove o gerenciamento e a motivação de maneira mais eficaz.

✓ Permite o olhar para dentro de si mesmo, nos faz enxergar como nós somos e como nós reagimos diante das diversas situações.

✓ Permite o ouvir a si mesmo, nos faz perceber como as coisas acontecem em todas as circunstâncias de nossas vidas.

✓ Promove o reconhecimento da nossa própria vocação de vida.

Fatores a Serem Observados no Autoconhecimento

Tudo começa a partir do nosso autoconhecimento, do conhecimento dos nossos valores, crenças, perfis psicológicos, âncora de carreira, medos, competências, talentos, parceiros de autoconhecimento etc.

Todos nós temos nossa forma individual de lidar com situações diferentes, por isso, geralmente, nós preferimos atuar do nosso jeito.

Existe em cada um de nós uma área que não conhecemos, isto significa expressões que não percebemos. E nosso autoconhecimento pode ser ampliado através do *feedback* vindo de diferentes fontes.

Uma ferramenta extraordinária para acessar informações sobre nosso perfil pessoal é o *Extended* DISC®, que possibilita a reflexão sobre nosso comportamento, compreender os pontos fortes e as áreas de aprimoramento, auxiliando-nos no desenvolvimento de habilidades e competências essenciais para o sucesso na comunicação e interação com os outros.

Outra forma que recomendo é o autoconhecimento através das ferramentas de desenvolvimento como *Coaching* e *Mentoring*.

Apesar de, por vezes, serem usados como sinônimos, os processos não são os mesmos, mas, como constituem conceitos próximos entre si, às vezes, se confundem, como mostra o quadro a seguir.

	COACHING	*MENTORING*
Quem é	*Coach*: profissional que exerce o *Coaching*, uma ferramenta de desenvolvimento pessoal e profissional. Processo que visa elevar o desempenho de um indivíduo (grupo ou empresa), aumentando resultados por meio de metodologias, ferramentas e técnicas cientificamente validadas.	Mentor: aquele que detém o conhecimento e a familiaridade na área escolhida. Inclusive, as relações de *mentoring* podem ser sucessivas, as pessoas podem ter vários mentores ao longo da sua vida profissional, sendo uma estratégia de alta alavancagem e capaz de reter talentos dentro das organizações íntegras e éticas.
A quem se destina	Aos indivíduos que queiram desenvolver suas competências rapidamente e ter um melhor desempenho.	A qualquer nível e em qualquer área da organização.

	Coaching	Mentoring
Metodologia	Método que mais se aproxima das necessidades reais de cada colaborador, do desenvolvimento das competências essenciais para a função que ele exerce.	Método prático de construção de relações substantivas entre colaboradores e líderes para aumentar o envolvimento, desempenho e retenção. É uma oportunidade para fornecer orientações da liderança aos colaboradores que utilizam os recursos internos da organização.
Abordagem	Abordagem comportamental capaz de oferecer uma multiplicidade de benefícios, englobando tanto as pessoas envolvidas como as organizações. Constitui, assim, um processo estratégico que agrega valor também ao próprio Coach.	Abordagem na sua própria aprendizagem/desenvolvimento. O processo de Mentoring enfatiza o desenvolvimento de carreira de longo prazo.
Processo	Ocorre de modo a alinhar os objetivos organizacionais com o desenvolvimento das competências do colaborador, individualmente ou em equipe.	É parte integrante do processo de planejamento de carreira. Sob os cuidados de um bom mentor, a aprendizagem passa a focalizar objetivos, oportunidades, expectativas e assistência na plena realização das potencialidades do orientando.
Orientação	Está quase sempre ligado à orientação específica que o Coach oferece ao cliente no dia a dia do trabalho, de modo a conduzir o desempenho no cotidiano e no curto prazo, além de incentivar ao uso de suas competências imediatas.	Está diretamente ligado à orientação mais ampla no desenvolvimento da carreira do funcionário a partir de um mentor, de modo a criar novos e amplos horizontes para o aumento das competências presentes em sua carreira profissional.
Foco	Foco em resultados.	Foco na pessoa, no futuro e ajuda a trilhar o caminho proposto.

Quadro 1: *Mentoring* e *Coaching* – conceitos. / Fonte: Elaborado pela autora.

A seguir, ressalto outros fatores importantes para melhor nos entendermos:

Crença: estado psicológico em que um indivíduo detém uma proposição ou premissa para a verdade ou, ainda, uma opinião formada ou convicção. É tudo aquilo em que acreditamos a partir do modo como filtramos e interpretamos a realidade. Nós construímos as nossas crenças a partir desta interpretação, formada na infância, da nossa experiência de vida. Conhecer profundamente as próprias crenças, origens, funcionamento e consequências é uma das formas mais rápidas e efetivas para alcançar o autoconhecimento, sabedoria pessoal.

Valores: conjunto de características de uma pessoa ou organização, que determinam a forma como a pessoa ou organização se comporta e interage com outros indivíduos. Os valores fornecem o alicerce oculto dos conhecimentos e das práticas que constantemente construímos nas nossas vidas.

Medo: sensação que proporciona um estado de alerta demonstrado pelo receio de fazer alguma coisa, geralmente por se sentir ameaçado, física e psicologicamente. A observação nos nossos comportamentos no momento em que sentimos este medo é essencial para o autoconhecimento. Precisamos prestar atenção em algumas inquietações no nosso comportamento para entender esses medos. Temos de enfrentar o fato de que o medo está sempre à nossa volta, na nossa vida, mas, se compreendermos melhor estas reações, poderemos controlá-las.

Âncora de carreira: elemento que exerce bastante influência nas tomadas de decisão e direcionamento da carreira das pessoas. É importante o indivíduo identificar a sua âncora de carreira, que representa o "Eu" na essência e evidencia seus ideais e preceitos com relação ao trabalho. São elas que apoiam o direcionamento profissional, alinhado às motivações e talentos pessoais.

Competência: conjunto de conhecimentos, habilidades e atitudes correlacionadas, que em ação agregam valor ao indivíduo e à organização. O conhecimento e o entendimento das nossas competências possibilitam a percepção dos próprios pontos fortes e pontos de melhoria que merecem ser desenvolvidos porque o autoconhecimento leva ao caminho do autodesenvolvimento.

Talento: a essência do talento está ligada ao potencial e ao desempenho, o potencial está atrelado à inteligência, perfil e competências, e o desempenho está ligado ao resultado, processo e comprometimento. Trata-se da capacidade para exercer certa ocupação ou para desempenhar uma atividade. O talento tende a estar associado à habilidade inata e à criação, embora também possa ser desenvolvido com a prática e o treino.

Parceiros de autoconhecimento: estão relacionados à rede de relacionamento que cada um tem; é uma rede próxima, pessoas em quem confiamos, que contribuem para o nosso autodesenvolvimento de forma sincera e espontânea e elevam o nível de consciência sobre nós mesmos. Geralmente, são pessoas que estão diariamente em nosso convívio, como companheiros, mentores, amigos, filhos, dentre outros.

Relacionamento Interpessoal

"O mais importante ingrediente na fórmula do sucesso é saber como lidar com as pessoas." (Theodore Roosevelt)

Existem duas expressões sobre as quais nem sempre estamos atentos à diferenciação, que são o relacionamento interpessoal e o intrapessoal.

As habilidades interpessoais formam o conjunto de atributos, características e talentos que ajudam alguém a se conectar com outras pessoas de uma maneira positiva. O termo se aplica a um conjunto de habilidades composto por: empatia, entendimento, compreensão dos outros, diplomacia e tato. Um profissional mostra o seu talento nesta competência quando demonstra suas habilidades, praticadas em situações sociais e conversas com outros, no ato de ouvir e falar com outras pessoas eficazmente.

De acordo com José Roberto Marques, presidente do Instituto Brasileiro de *Coaching* (IBC), "o relacionamento interpessoal está relacionado com o próximo e é a forma como lidamos com nossos colegas, gestores, clientes e todos os envolvidos no ambiente de trabalho. Está totalmente relacionado com a maneira como lidamos com outras pessoas do nosso convívio profissional, social e familiar. No ambiente profissional, a relação é como lidamos com o nosso time de trabalho".

As pessoas que têm um bom relacionamento basicamente criaram para si as condições favoráveis ao estabelecimento de um *networking* e uma rede de parcerias que acelera a carreira de qualquer profissional.

Conclusão

Vivemos em um mundo potencialmente competitivo, portanto, fazer a gestão das competências intra e interpessoal é um fator crítico de sucesso. Eu, como uma profissional da Área de Recursos Humanos, asseguro que hoje estas competências, vinculadas à parte comportamental, estão sendo muito mais avaliadas e reconhecidas pelas organizações do que necessariamente a parte técnica.

A combinação das competências comportamentais e técnicas valoriza o profissional e lhe confere mais oportunidades, levando-o a se destacar. Por esta razão, a importância de nos conhecermos bem e nos relacionarmos com as pessoas que estão à nossa volta comprova-se como um diferencial competitivo.

REFERÊNCIAS BIBLIOGRÁFICAS
ARAÚJO, Ane. *Coach* – Um parceiro para o seu sucesso. São Paulo: Gente, 1999.
DRUCKER, Peter. *Managing Oneself*. Harvard Business Review. 2005.
DRUCKER, Peter. *The Effective Executive*. EUA: Collins, 2006.
GOLEMAN, Daniel. Inteligência Emocional. Rio de Janeiro: Objetiva, 2015.
MARQUES, José Roberto. Relacionamento Interpessoal. Disponível em: <http://www.jrmcoaching.com.br>.
PORCHÉ, Germaine; NIEDERER, Jed. *Coaching*: o apoio que faz as pessoas brilharem. Rio de Janeiro: Campus, 2002.
PRICE, Ron. *The complete leader*. EUA: Aloha Publishing, 2014.
WIKIPEDIA, consulta sobre Crença, Medo, Valores e Competência.

Coaching & Análise de Perfil

2

Autoconhecimento e Perspectiva de Futuro

Ana Paula Rocha

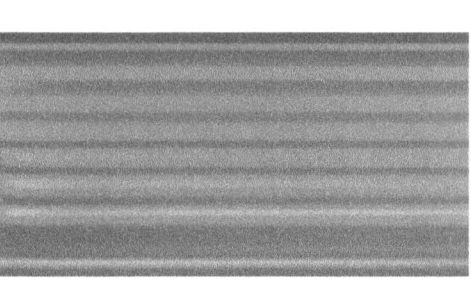

ANA PAULA ROCHA

Psicóloga, especialista em Terapia Cognitiva e Comportamental pela USP, trainer licenciada pelo Instituto Holos para formação de *Coaches* e Mentores ISOR, com certificação internacional pelo Instituto Holos como *Coaching, Mentoring & Holomentoring* e Líder *Coach*. Certificada como especialista pela *Extended* DISC® para Análise de Perfil Pessoal, de Equipes e Organizações. Palestrante, facilitadora de treinamentos, Life e Business *Coach*. Criadora do Programa Consultório de Sucesso, ajudando profissionais da saúde a atraírem mais clientes para o seu consultório, através do empreendedorismo, *Coaching* e *marketing*.

aprocha_psico@hotmail.com
www.consultoriodesucesso.com

O ser humano vive em constante busca da felicidade, à procura de algo que supra suas necessidades. Ele tem metas, objetivos, desejos e, se não os alcança, sente-se triste, frustrado, deprimido, fracassado. A verdade é que, embora, geralmente, não o saiba, carrega, dentro de si, enorme potencial, muitas vezes adormecido pela acomodação, pela falta de autoconfiança ou pela dificuldade de desenvolver algumas competências importantes para a promoção de um movimento que o leve à mudança de atitudes e consequente conquista daquilo que o fará feliz.

Para que uma pessoa passe por uma transformação consistente, é necessário considerar três etapas:

1. Autoconhecimento;
2. Mudança do comportamento;
3. Resultados desejados seguidos de ação.

Autoconhecimento

Conhecer quais são os valores, as principais habilidades, as áreas de vulnerabilidade, dentre outros comportamentos, é essencial para seguir adiante, para fazer um planejamento pessoal e se desenvolver. Quanto mais nos aprofundamos no autoconhecimento e nos dispomos para o desenvolvimento pessoal ou profissional, mais resultados desejados alcançaremos. Entretanto, abrirmo-nos para o mergulho dentro de nós exige maturidade e muita coragem.

Não é fácil enxergar pontos de atenção, aqueles comportamentos que precisamos desenvolver ou que, em alguns casos, prejudicam nossos relacionamentos, nosso desenvolvimento profissional, nossos planos de vida. Olhar para dentro de nós com generosidade, sem resistências, compreendendo, aos poucos, nosso funcionamento em face das situações do cotidiano, permite maior clareza para possíveis tomadas de decisão.

Quando estamos em busca da jornada do autoconhecimento, além da coragem, precisamos de outra competência nessa caminhada: atitude para mudar, vontade de fazer diferente. Nesse processo, faz-se necessário um método de aprendizado definido em quatro estágios que falaremos mais à frente.

Normalmente, quando nos referimos a autoconhecimento, pensamos logo nas características que queremos eliminar; entretanto, costumamos encarar um ponto negativo como algo ruim e um ponto positivo como algo bom. A ideia é analisar os contextos em que as características se fazem presentes e avaliar quanto elas estão prejudicando nossa vida. Muitos comportamentos tidos como nocivos podem, até mesmo, ser benéficos. O que se deve levar em consideração é quanto um objetivo é importante a ponto de justificar uma mudança de comportamento, até porque, para que um objetivo seja realizado, ele deve ter um forte significado para nós.

Até agora, falamos dos pontos negativos; não podemos, contudo, deixar de salientar quão importante é nos conhecermos de um modo geral, inclusive valorizando e estimulando nossos pontos fortes, aqueles muitas vezes desprezados. Marcus Buckingham e Donald Clifton (2006, p.223) revelam que profissionais bem-sucedidos compartilham uma característica em comum, canalizam sua energia para aprimorar seus pontos fortes, tornando-se cada vez mais competentes, produtivos e felizes. Porém, um comportamento positivo pode ser um problema em determinadas situações. No livro "Os desafios da terapia" (2006, p.31), o psiquiatra Irvim Yalom conta como uma crítica que recebera, em um de seus livros, deixou-o profundamente chateado e que, ao desabafar com um amigo também escritor a respeito desse sentimento, foi confortado ao ouvir que a sensibilidade que ele tinha para se conectar com seus leitores e escrever obras de grande sucesso era a mesma que o deixava desolado, deprimido diante de uma crítica. O autoconhecimento não é apenas ponto para mudança, mas também compreensão e conforto. Uma característica positiva, causadora de muitos benefícios, pode ela mesma também ser avassaladora.

Em nossas experiências como *Coach*, temos percebido enorme contribuição do *Coaching* ao processo de autoconhecimento e à possibilidade de transformação tanto na vida pessoal quanto profissional. Uma das ferramentas essenciais deste trabalho de autoconhecimento é o *Extended DISC*®, que fornece dados efetivos dos pontos fortes e as vulnerabilidades do *coachee* dando suporte para que o desenvolvimento seja feito de forma eficaz. Já na primeira entrevista com o futuro *coachee*, procuramos ressaltar os ganhos que o processo de transformação e autoconhecimento pode favorecer na obtenção de resultados esperados. Cada processo deve ser considerado único em frente da singularidade do indivíduo. Mesmo diante de uma metodologia estruturada, vale a atenção ao modo como cada *coa-*

chee absorve os conteúdos e reage a eles.

A consequência do processo está relacionada à amplitude da visão de mundo de cada *coachee*. Há de se respeitar seu tempo, as características de seu comportamento, a forma como começa a enxergar sua própria vida e as possibilidades que o cercam, além de perceber se elas favorecem mudanças de atitudes à frente de seus objetivos.

Qualquer método de trabalho precisa considerar o processo de individuação do *coachee* para tomadas de decisão.

Mudança do Comportamento

À medida que vamos nos conhecendo, pensamos na possibilidade de realizarmos algumas mudanças de comportamento. Muitos de nós buscam mudar ou melhorar algo: ser menos tímidos, mais dinâmicos no trabalho, mais extrovertidos, menos ansiosos. Mas por que mudar?

A necessidade da mudança faz parte das leis naturais da vida, tudo muda constantemente e a vida segue em movimento contínuo. Sendo assim, faz-se importante adaptar-se às mudanças, identificando as necessidades de ajustes de alguns comportamentos.

Entretanto, sabemos que, apesar de o autoconhecimento ser um facilitador para o processo de mudança, é preciso assumir o desejo nesse processo, responsabilizar-se por essa escolha. Ao reconhecermos nossa necessidade de mudança, precisamos ficar atentos aos diversos mecanismos que o ser humano cria a fim de impedir a mudança de um comportamento ou um novo hábito. Tais mecanismos são sabotadores internos que nos impedem de, por exemplo, sermos menos agressivos, mesmo sabendo que esse comportamento afasta pessoas, ou pararmos de fumar mesmo sabendo que o cigarro faz mal à saúde ou quem sabe nos expressar mais no trabalho, mesmo percebendo que essa atitude poderá facilitar em uma promoção. O movimento que normalmente fazemos para assumir um novo comportamento passa, muitas vezes, por uma fase de desconforto e esse processo pode fazer facilmente com que desistamos de nossos objetivos. Em seu texto "Pipoca" (Correio Popular, 1999), Rubem Alves diz que, para se transformar, a pipoca passa pelo calor do óleo, sendo este o seu processo de mudança, e vira piruá aquele milho que se recusa a estourar. Em muitos momentos, justificada por um desejo interno, a persistência daquele que busca uma mudança passa por um período de desconforto. Sendo assim, a mudança do comportamento percorre quatro etapas, consideradas as quatro fases da aprendizagem (WHITMORE, 2006):

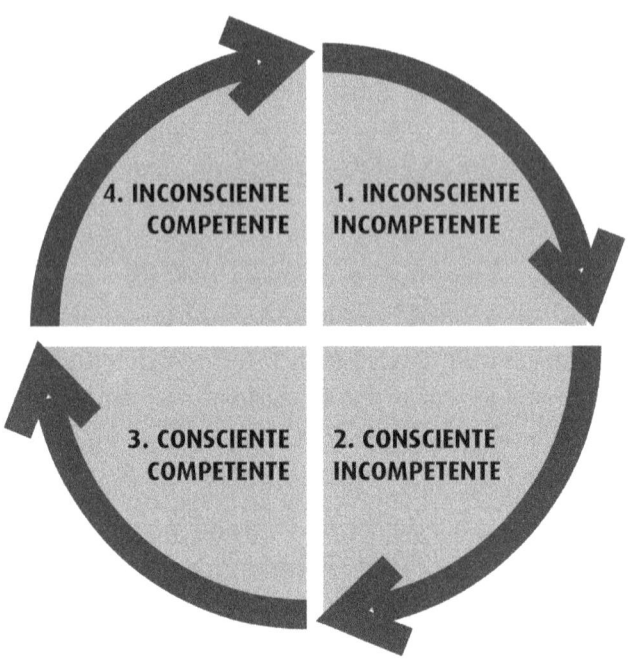

INCONSCIENTE INCOMPETENTE

Nesta primeira etapa, nós não temos consciência de algum comportamento que queremos modificar, muito menos competência para fazê-lo. Por exemplo: consideremos uma pessoa, que chamaremos de Lúcia, que sempre foi ansiosa, mas não tem ideia de que seja assim. No entanto, entende que algum comportamento seu está atrapalhando sua qualidade de vida.

No processo de autoconhecimento, essa pessoa apresenta interesse sobre seu comportamento e começa a prestar atenção em suas reações, em sua forma de funcionar diante do trabalho, amigos, família e passa para a segunda etapa do processo de aprendizado.

CONSCIENTE INCOMPETENTE

Nesta etapa, Lúcia já tem consciência de que o que está atrapalhando sua qualidade de vida é sua ansiedade. Ela entende que, ao se comportar de maneira ansiosa, tende a realizar suas atividades no trabalho com menos qualidade, pois sua ansiedade a impede de ter total atenção sobre o que está fazendo. Percebe também que sempre quando chega em casa está muito cansada mentalmente, pois sua ansiedade não permite desacelerar seus pensamentos, o que ocasiona mais um problema: a insônia.

Lúcia já tem consciência da sua ansiedade, sabe em quais momentos se sente mais ansiosa e entende que precisa melhorar esse comportamento, mas não sabe como fazer isso. Ela ainda não tem competência para realizar a mudança, mas tem tanta vontade de modificar seu comportamento que passa para a próxima etapa.

Consciente Competente

Nesta etapa, Lúcia aprendeu algumas técnicas de relaxamento, começou a perceber quais situações a deixavam mais ansiosa e começou a modificar seu comportamento. No momento em que estava realizando uma atividade no trabalho em que ela se percebia agitada, tensa e com muitos pensamentos, diminuía o ritmo, ia prestando atenção no que fazia naquele momento, respirava lentamente e conseguia realizar uma tarefa de cada vez com maior qualidade.

Ao chegar em casa, Lúcia passou a se desligar do que havia acontecido no trabalho, dando atenção ao seu descanso, conseguindo ter uma boa noite de sono.

Lúcia percebia que, nessa fase, aprendera como identificar e controlar os momentos em que a ansiedade começava e como conseguia administrar aquele comportamento. Mas, como esse movimento ainda é considerado mecânico, não espontâneo, Lúcia ainda tinha de se esforçar, de forma consciente, para ser menos ansiosa.

Com o passar do tempo, Lúcia ia mantendo suas tarefas, a fim de controlar sua ansiedade, adquirindo, assim, um novo hábito e passando para a última etapa.

Inconsciente Competente

Nesta etapa, Lúcia já atingiu muitas horas aprendendo como eliminar a ansiedade e já age de forma natural (inconsciente), não pensando mais como deve se comportar quando se sente ansiosa. Ela já não precisa mais agir de forma consciente, pois esse comportamento foi aprendido com sucesso.

A fase do inconsciente competente refere-se a um comportamento aprendido e executado de forma espontânea. Um exemplo disso é uma pessoa que dirige há anos e não percebe todos os movimentos necessários para fazer o carro andar. Naturalmente, liga o carro, pisa na embreagem, solta o freio de mão, engata a primeira marcha, pisa no acelerador à medida que solta a embreagem e o carro começa a andar. Hoje, com a prática na direção, esses comportamentos são tão naturais que chega a ser estranho descrevê-los. Ao nos lembrarmos de nossas primeiras aulas de direção, entendemos com mais clareza essas etapas da aprendizagem.

Resultados Desejados Seguidos de Ação

"Tudo é loucura ou sonho no começo. Nada do que o homem fez no mundo teve início de outra maneira. Mas já tantos sonhos se realizaram que não temos direito de duvidar de nenhum." (Monteiro Lobato)

Todos nós temos sonhos que não devemos reprimir. Não nos referimos ao sonho de quando estamos dormindo e sim de quando estamos acordados, mentalizando um projeto, uma viagem, um emprego, pois, através deles, temos a oportunidade de realizar grandes objetivos.

Vale ressaltar a diferença entre sonho, objetivo e meta:

O **sonho** parte de um desejo, de uma vontade pouco concreta, de uma visualização irreal, ele ainda está no plano da fantasia, da imaginação.

O **objetivo** deve ser concreto, específico, ter uma estrutura real, gerar benefícios. Ele precisa de foco, meta e determinação para que seja realizado.

A **meta** são tarefas necessárias para se alcançar um objetivo. Ela permite estipular prazo e atividades a fim de conquistar pequenas etapas do objetivo.

Para se realizar um objetivo, precisamos ativar os **três campos mentais: o racional, o intuitivo e o operacional.** E seguir com o processo decisório, ferramenta que auxilia o alcance de resultados esperados.

O **primeiro campo mental** a ser utilizado no processo decisório é o campo **racional**, responsável pelo raciocínio lógico, conhecimento, crenças, valores e explicação. Ele está localizado no hemisfério esquerdo de nosso cérebro.

Nesse momento, é necessário captar a realidade:

• Estabelecer o objetivo – o que queremos alcançar.

• Coletar o máximo de informações a respeito desse objetivo, torná-lo o mais específico possível.

O **segundo campo mental** a ser utilizado nesse processo é o **intuitivo** - responsável pela nossa criatividade, sensibilidade, sentimento, relacionamento. Ele está localizado no hemisfério direito de nosso cérebro.

Nessa etapa do processo decisório é importante estimular a imaginação:

• ***Brainstorming*** – Quais possibilidades tenho para conquistar meu objetivo? Nesse momento, vale pensar em diversas possibilidades sem censura.

✓ ***Futurição*** – Como eu me vejo quando alcançar esse objetivo? Como estou me sentindo? Quais benefícios percebi ao atingir esse resultado?

✓ ***Decisão*** – Que estratégia imaginada, no *brainstorming*, irei utilizar para conquistar meu objetivo?

O **terceiro** e último **campo mental** a ser utilizado nesse processo é o **operacional** – responsável pela ação, prática, fazer, eficiência, organização pessoal. Ele está localizado na parte central de nosso cérebro.

• ***Planejamento*** – Quais etapas são necessárias para a realização desse objetivo? Quais serão minhas metas?

• ***Implantação*** – Quando começar e como?

• ***Feedback*** – De quanto em quanto tempo irei avaliar se minhas metas estão sendo alcançadas?

Como o processo de autoconhecimento é um aprendizado contínuo, devemos aproveitá-lo de modo a reconhecer quais comportamentos deverão ser modificados a fim de conquistar nossos maiores sonhos. Nem todos os comportamentos devem ser ajustados, mas, normalmente, o que nos move nesse processo de desenvolvimento é a capacidade de sonhar e desejo de que o sonho se torne realidade, dependendo de muitos movimentos que me permitem atingir os resultados.

REFERÊNCIAS BIBLIOGRÁFICAS

BUCKINGHAM, Marcus; CLIFTON, O. Donald. Descubra seus pontos fortes. Rio de Janeiro: Editora Sextante, 2006.

INSTITUTO HOLOS. Material de formação de *Coaching* e *Holomentoring*.

PERCI, André; SITA, Maurício. Manual Completo de *Coaching* – Grandes especialistas apresentam estudos e métodos para a excelência na prática de suas técnicas. São Paulo: Editora Ser Mais, 2011.

YALOM, D. Irvim. Os desafios da terapia – Reflexões para pacientes e terapeutas. São Paulo: Editora Ediouro, 2006.

WHITMORE, John. *Coaching* para performance: aprimorando pessoas, desempenhos e resultados: competências pessoais para profissionais. Rio de Janeiro: Qualitymark, 2006.

www.extendeddisc.com.br – Acesso em 24 de maio de 2016.

Carreiras de Sucesso, a Importância do *Coach* para a Orientação Profissional

André Lemos Araújo

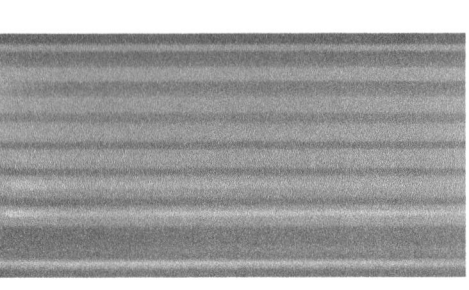

André Lemos Araújo

Marketing Director and Strategy da Lemont Improving People, possui formação em Direito, Administração e Comércio Exterior pela Universidade Potiguar UnP, pós-graduações nas áreas de Máster en Dirección de Empresas (Universidad Europea de Madrid) e Direito Empresarial (Universidade Potiguar), Comércio Exterior (Universidade Católica de Brasília), Marketing (MBA University of Tennessee at Martin USA/IPG) e Ciências Jurídicas e Sociais (doutorando Universidad del Museo Social Argentino), sendo também *Coach*. Recebeu reconhecimentos nacionais e internacionais, como os prêmios de Gestor Educacional do Ano (2016), Prêmio Santander Universidades (2015) e Reimagine Education Awards da QS Stars (2015), prêmios Nacional e Regional de Estágio do IEL.

(84) 3345-1242 / 98164-6363 / 99431-0667
andrelemosaraujo@gmail.com

Existe uma grande maneira de projetar o futuro. Grandes negócios e profissionais preferem correr risco controlado. O custo e o benefício de navegar em mares conhecidos, ainda que não totalmente, são muito melhores. O incerto de alguma maneira traz indecisão, erro, desperdício e muitos outros grandes problemas. Sejam estes para as empresas ou pessoas.

Como podemos estudar o futuro se ainda não o conhecemos? Existe uma máxima na história que foi criada pelo grego Heródoto, que foi um dos maiores geógrafos e historiadores de todos os tempos, que afirmava ser necessário "Pensar o passado para compreender o presente e idealizar o futuro". Sobre o tema existem várias mensagens implícitas e explícitas neste ensinamento. A primeira é que podemos aprender com os erros do passado, ainda que não sejam os nossos erros e sim da sociedade ou de pessoas que já transitaram e vivenciaram momentos que podem engrandecer em muito nosso trajeto. O segundo é que de alguma maneira o estudo do futuro é possível. Isto através de sistemáticas que se iniciam com o planejamento. O ferramental e o conhecimento para a execução de um plano estratégico são alcançáveis por todos, mas isso seria apenas o primeiro passo dessa jornada.

Devemos, inicialmente, planejar para minimizar todas as incertezas que porventura apareçam no caminho. É muito arriscado que alguém ainda queira se aventurar no mundo competitivo em que vivemos. O fundamento utilizado para esse tipo de "projeto" em nada é forte. O caminho de quem se orienta é mais real e possível. Hoje vivemos uma fase de hipercompetitividade. A globalização nos apresentou mudanças grandiosas no mercado como o maior acesso às informações, culturas e pensamentos diferentes, evolução tecnológica acelerada e muitos outros aspectos.

Já existem autores que afirmam que o planejamento por si só não será mais suficiente em alguns anos. Será necessário um processo de raciocínio que seja explorador e não mais determinístico. (ALBRECHT, 1994)[1]. Seria a evolução pura e avançada do planejamento, a projeção. A mensagem principal é que para se atingir a meta profissional proposta é necessária uma grande reflexão, fundamentada e de maneira sólida sobre os trajetos, recursos necessários, decisões e vários outros aspectos sobre o futuro. Isto levando sempre em consideração o que ocorreu no passado e o que se está vivenciando no presente.

---
1. ALBRECHT, Karl. Programando o futuro. São Paulo: Makron Books, 1994.

A Importância da Orientação Profissional

Esta temática é de suma importância para a compreensão da nossa trajetória profissional. O ex-presidente americano Abraham Lincoln firmou entendimento em uma sentença sobre o caminho profissional que devemos traçar ou ainda sobre a necessidade da preparação firme e forte para o atingimento das metas. Diz ele: "Se eu tivesse nove horas para derrubar uma árvore, passaria seis horas afiando meu machado". A orientação profissional é o momento de amolar a ferramenta que será utilizada. Obviamente que com uma excelente preparação a execução se tornará muito mais fácil e segura.

A escolha da profissão é uma das decisões mais importantes da vida de uma pessoa. Uma falha neste momento modifica o destino do indivíduo, bem como seu estilo de vida. Há uma mudança na educação e até o tipo de pessoas com quem irá conviver no trabalho e na sociedade. Um caminho equivocado na escolha profissional equivale a um erro de vida (GAGE, 2009)[2].

O processo da globalização alterou muito a realidade da escolha profissional. Este momento restou demasiadamente complexo e aumentou muito a necessidade de que os indivíduos fossem orientados quanto à sua escolha. Em conformidade com Sales *et col.* (2003)[3], com a globalização e as várias mudanças na seara profissional a tarefa de definir a escolha profissional se tornou mais difícil.

Hodiernamente, a orientação profissional é um processo de intervenção em que o orientador estuda o perfil do orientando e objetiva o auxílio no planejamento, projeção e atuação profissional do indivíduo. O procedimento de orientação tem como objetivo principal minimizar as dúvidas e incertezas na escolha profissional.

É notória a crescente demanda sobre esse tipo de orientação e o *Coaching* vem como o processo mais adequado no desenvolvimento de instrumentos adequados para lidar com a complexidade e a raridade de trabalhos integrados que se propusessem a investigar o dilema da orientação profissional de forma elaborada.

---

2. GAGE, N. L. (2009). A conception of teaching. New York, NY: Springer..
3. SALES, J. L. L.; SOUZA, R. da S.; SANTOS, E. C.; CERQUEIRA, I. R. G.; OLIVEIRA, C. M.; NASCIMENTO, E. de S. (2003). Orientação Vocacional: o desafio dos novos campos de atuação. Anais do Congresso Nacional de Psicologia Escolar e Educacional, 6 (pp. 460461). Salvador: Faculdade Ruy Barbosa.

O Coaching

Coaching é uma palavra com origem na língua inglesa e se refere ao ato de andar de carruagem. Atualmente, a palavra *Coaching* refere-se a um processo diferenciado e criativo que tem como propósito inspirar as pessoas a maximizar seu potencial de modo a fazer transformações significativas em suas vidas e atingir resultados extraordinários.

Encontram-se ainda definições de *Coaching* como uma metodologia de apoio ao autoconhecimento e reflexão pessoal e profissional que ajuda o cliente a se desenvolver. É o processo que eleva o cliente, *"coachee"*, do ponto atual em que se encontra até o ponto desejado em um futuro projetado. Durante o processo de *Coaching*, o cliente esclarece cinco pontos fundamentais: quem ele é, o que está fazendo, por que o está fazendo, aonde ele quer chegar e como chegar lá.

Em conformidade com Lages e O'Connor (*apud* KARAWEJCZYK & CARDOSO, 2012)[4]: "*Coaching* é ajudar as pessoas a mudarem do modo que desejam, e ajudá-las a ir na direção em que querem ir. O *Coaching* oferece suporte às pessoas em todos os níveis para que elas se tornem o que querem ser e sejam o melhor que puderem". Proporcionar o aprendizado e desenvolvimento das pessoas através do autoconhecimento e desafios estabelecidos é a base dos fundamentos do *Coaching*.

Hoje não restam dúvidas da eficácia do processo de *Coaching* para o aumento de performance e o atingimento dos objetivos e metas. Vários estudos já comprovam a eficácia e eficiência do processo mais utilizado por grandes profissionais e negócios nos últimos tempos.

Temos ainda como suporte todos os *"assessments"* coligados. Dentre os mais importantes ressalto o DISC. É uma teoria, muito sólida, que fundamenta o mapeamento de perfil. Funciona como o melhor balizador do autoconhecimento, pois ajuda no mapeamento de competências e em muitos outros aspectos de estratégias dos perfis. O da *Extended* DISC® é o mais indicado, pois no mercado possui o maior número de perfis mapeados e com validação internacional.

Carreira de Sucesso

O sucesso é algo ainda incerto em suas definições. Há um erro comum para as pessoas que o perseguem. O equívoco é nivelar ou definir o suces-

---
4. Tamára Cecilia Karawejczyk* Ana Paula Cardoso** Atuação profissional em *Coaching* e os desafios presentes e futuros nesta nova carreira, Artigo, 2012

so com base em experiências de terceiros. O sucesso não é algo comparativo, massivo e objetivo. Em sua definição extraímos da essência que ele é pessoal, subjetivo e incomparável. A referência pode até ser utilizada, mas como um caminho e não como um ponto de chegada. Definimos sucesso, nesta temática, como: "Estar bem consigo mesmo e ter o apreço das pessoas que têm importância".

Seguir uma carreira de sucesso é encontrar a plenitude no trabalho. Seria atingir a automotivação constante nos exercícios dos afazeres profissionais. Esta felicidade de gostar do que se faz é tamanha que extrapolaria o ser e agregaria valor na vida social, em especial familiar, das pessoas.

Solidificamos ainda mais o fato de ser necessária uma boa orientação profissional para que a projeção da carreira seja feita da melhor forma possível.

Coaching como Ferramenta Fundamental na Orientação Profissional

Na atual conjuntura, há um grande leque de novas profissões. São novas atribuições que aparecem em grande quantidade e o grau de renovação e rotatividade é cada vez maior. O mercado cria com muita velocidade carreiras que exigem uma grande especialização das pessoas e as destrói com facilidade. No mesmo movimento de criação temos o do desaparecimento. Além de serem profissões, muitas vezes, com uma "vida curta", são pensadas para momentos específicos do mercado. Muitas vezes profissões como essas podem ser consideradas como verdadeiras armadilhas mercadológicas que criam expectativas de carreira que, certamente, serão frustradas posteriormente.

Além da nova onda de profissões, vemos o enfraquecimento de grandes carreiras que tinham robustez no mercado nas últimas décadas e o intercâmbio de atuação profissional cada vez mais constante. Isto tudo traz grandes frutos para o engrandecimento do mercado, mas de alguma maneira torna-o mais complexo e difícil de navegar.

O *Coaching* aparece neste cenário como um processo mais efetivo na orientação profissional. Através de técnicas consolidadas consegue-se promover a autorreflexão e através deste momento o desenvolvimento do *coachee*. Para que a carreira de sucesso seja apresentada na vida dos clientes dois grandes fatores-chaves devem estar presentes. Primeiramente, o autoconhecimento, ou seja, o descobrimento das habilidades, competências e atitudes do orientando devem estar claras. Em segundo lugar, o mapa de carreiras que mais está conectado com os talentos já solidificados e descobertos. A busca pelo que há no mercado através de uma análise tríplice entre o custo, benefício e inclinação natural, que é composta pelo objetivo e talentos predispostos no *coachee*.

O processo de autodescobrimento, em regra, integra os primeiros passos do *Coaching*. Existem ferramentas que vão da mais simples criação de uma lista de sonhos até uma análise SWOT Estratégica que averigua as fortalezas, fraquezas e as conectas com conjunturas mercadológicas. O ferramental é muito vasto e interessante para todas as fases da projeção de carreira. Considerando a competência como a soma de conhecimentos, capacidades, atitudes e habilidades, estas ferramentas permitem elaborar um diagnóstico do potencial de um indivíduo ou coletivo determinado, no que se refere a suas competências, a partir de comportamentos associados a elas.

Somadas ao processo técnico existem conexões que integram o sentimento, ou seja, a inteligência emocional no processo racional. É a conexão do eixo pensamento racional, com a intuição e o emocional. Este procedimento ajuda na solidez do processo.

O processo de *Coaching* para a orientação profissional se apresenta como um encaixe perfeito. Como já informado anteriormente, deve ser solidificado o quanto antes. Em regra geral, as famílias têm um grande peso na escolha profissional. O termo família aqui abordado se estende e abrange mais que os pais e toca outros membros, como, por exemplo, irmãos.

A decisão sobre a carreira, quando bem tomada e no tempo correto, proporciona de maneira mais efetiva o sucesso na vida das pessoas. Há uma grande minimização de riscos e perdas no processo. Ocorre ainda, em casos bem trabalhados, o considerável aumento do sucesso profissional.

A grande base da metodologia do *Coaching* fundamenta-se no processo de aprendizagem transformacional, de forma efetivamente prática. Isto facilita a criação sistêmica de administração de competências. É a sistemática ideal para trabalhar o futuro da carreira.

Considerações Finais

Apresenta outro aspecto que é fundamental e refere-se ao profissional *Coach* que orienta para carreira. É importante salientar que, como em todas as profissões, uma análise detalhada deve ser feita para eleger quem ajudará o cliente em uma das decisões mais importantes da vida. Faz-se necessária uma avaliação sobre o histórico profissional e experiência no ramo específico da orientação profissional.

Muitas instituições de ensino superior estão investindo na contratação e esquematização de setores que trabalham a orientação profissional dos estudantes. O que mais ocorre hoje é que muitos percebem, tardiamente, que a escolha do curso superior que buscaram não os satisfazia. A expressão "antes tarde do que nunca" aparece como cabível para a situação mencionada, mas a palavra "tarde" traz um grande peso, tanto financeiro como emocional, acompanhado de um grande desgaste por parte do aluno. A evasão torna-se uma opção recorrente em casos como esse.

Com a experiência que conseguimos na vasta trajetória neste sentido da orientação profissional de estudantes, trago o fato de vários adiarem o começo da sua carreira, quando do término do curso, ou até mesmo desistirem e iniciarem outra por não se sentirem "com sucesso". Isto não seria obviamente algo tão fácil de ver sem um estudo ou projeção da carreira. Destaco ainda que muitos pensam ser normal o recém-formado se sentir "inseguro ou indeciso". Efetivamente é, mas isto ocorre porque para muitos o normal é a regra e a regra Brasil é não receber as devidas orientações profissionais, pois o momento da colação de grau deveria ser um momento muito desafiador e gerar "bons fluidos" para aproximar o sucesso do que provavelmente, muito em breve, será iniciado de maneira efetiva. A carreira.

Oficinas de *Coaching*

Christiane Ferreira Bersi

Christiane Ferreira Bersi

Atua como *Coach* há mais de dez anos, credenciada pela ICF *(International Coach Federation)* como ACC - *Associate Certified Coach,* com formação pela ICI *(Integrated Coaching Institute)* e certificação em Análise de Perfil Pessoal e de Equipes pela *Extended* DISC®. Formada em Psicologia pela UNIP, com MBA em Gestão Estratégica de Pessoas pela BBS – Brazilian Business School e especialização em Psicodrama pela ACTO – Desenvolvimento Pessoal e Profissional. É gerente de projetos na Brightlink Consultoria, como facilitadora realizou inúmeros programas de treinamento e desenvolvimento, atuou na formação de centenas de líderes *Coach*, reunindo mais de 20 anos de experiência profissional.

chrisba@uol.com.br
https://br.linkedin.com/in/christiane-bersi-88304b3

> "A coisa mais indispensável a um homem é reconhecer o uso que deve fazer do seu próprio conhecimento." (Platão)

Há tempos que venho desenvolvendo meu trabalho de *Coaching* em grupo a partir de solicitações e demandas cuja pauta principal é a dificuldade de entendimento na relação interpessoal de líder-liderado ou na relação não menos delicada entre equipes dentro de uma mesma empresa, onde o objetivo final deveria ser o mesmo entre todos.

Se pensarmos de acordo com a nossa própria lógica, todos deveriam caminhar para um mesmo objetivo, portanto, precisamos "apenas" ajustar as metas, fazer com que todos os envolvidos as conheçam e... pronto! Tudo resolvido e o resultado virá, não como um passe de mágica, mas com algum esforço, maior ou menor das pessoas envolvidas.

Nesse sentido, as conversas para alinhamento de projetos e expectativas do cliente contratante acabavam sendo sempre em torno do tema "as pessoas aqui precisam entender que estamos caminhando juntos para um mesmo objetivo e, portanto, os times e as pessoas que os formam 'têm que' trabalhar juntos e em sintonia entre eles e com seus líderes". Também não é impossível ouvir solicitações do tipo: "Ora, não sei o que acontece, eu mesmo (gestor da área) já disse que eles (equipe) são fundamentais para o sucesso da empresa e que, quando o resultado chegar, o esforço será recompensado com valores bastante atrativos. Eles sabem disso, não entendo porque não se motivam".

Por muito tempo e ainda hoje, as dúvidas dos gestores de grandes ou pequenas organizações se voltam para questões do tipo "o que está acontecendo?", "por que as pessoas não se entendem ou não conseguem trabalhar juntas em prol de um único objetivo?", "eu já disse o que deve ser feito, o que eu espero deles e nada mudou", "é uma equipe forte, capacitada tecnicamente e que poderia trazer resultados muito melhores". Após algumas destas considerações e outras tantas que caminham no mesmo sentido, vem a final seguida da manifestação de um forte desejo: "Precisamos mudar isso e, desta forma, espero que o treinamento traga resultados imediatos".

Se pensarmos no contexto de negócios e nas necessidades cada vez mais urgentes de as organizações apresentarem bons resultados, é muito pertinente este tipo de pergunta e, por que não dizer, esta angústia e ansiedade em querer ter respostas e resultados cada vez mais rápidos, como num passe de mágica.

Por outro lado, não podemos esquecer que neste binômio pessoas-resultados o pilar denominado "pessoas" não está lá por acaso. Ele merece e deve ser alvo de nossa atenção e dos gestores das organizações que querem crescer através de relações sustentáveis, que irão contribuir para a troca de informações necessárias ao crescimento do negócio e para a construção de um ambiente de trabalho com pessoas engajadas.

Esta é uma constatação fácil de entender, mas, por vezes, muito difícil de ser colocada em prática. A principal resposta para isso, entendo, é justamente o pilar "pessoas" que, na maioria das vezes, ingressam em programas de treinamento e desenvolvimento ou até mesmo em programas de *Coaching* sem o devido conhecimento sobre si próprias, suas características, forças e fraquezas e, principalmente, como utilizá-las em prol do seu crescimento pessoal e profissional e também em prol dos resultados estabelecidos pela organização.

É importante ressaltar que não critico aqui a eficácia dos programas de Treinamento & Desenvolvimento, mas faço uma ressalva sobre a importância de termos total clareza dos objetivos desejados para preparar um programa que dê início a uma mudança de comportamento. Menciono "dar início" pois é justamente a partir deste momento que é possível iniciar um trabalho de desenvolvimento que estou chamando de Oficina de *Coaching*.

Entendendo que Oficina de *Coaching* deve ser realizada com equipes de trabalho em que seus integrantes estão ali reunidos por meio de um objetivo comum e que atuem com igual empenho e foco para que tais objetivos sejam atingidos ao final do processo.

E por qual razão atuar com Oficinas de *Coaching*, mesmo tendo proporcionado robustos treinamentos a uma equipe na qual os próprios participantes avaliaram como algo extremamente importante e aplicável ao seu dia a dia profissional? Este é um questionamento que os gestores costumam fazer a mim e a si mesmos.

Na maioria das vezes, esta reflexão vem seguida de outras, como, por exemplo, "Além de treinamentos, já realizamos trabalhos individuais com cada um dos líderes e não ocorreu a mudança desejada", ou, ainda, "Percebemos que esta equipe não tem consciência da sua identidade como time, existem alguns conflitos não resolvidos e isso, em algum momento, prejudica a obtenção de melhores resultados da equipe como um todo".

E foi diante de tais reflexões, feitas pelo presidente de uma empresa que vinha obtendo um crescimento constante em termos de resultados e número de funcionários, que me vi com um grande trabalho a ser realizado, cujo objetivo era desenvolver a liderança em um dos seus principais papéis, que é o de formar sucessores para manter o desenvolvimento do negócio.

Naquela ocasião, tínhamos o seguinte cenário:

A – um grupo de líderes, em sua primeira experiência neste papel e que era responsável pela gestão de grandes equipes operacionais.

B – um grupo de gerentes, já com sólida experiência na função, tecnicamente falando, mas que até aquele momento não dedicava tempo ao desenvolvimento de pessoas.

C – ambos os grupos já teriam tido acesso a diversos conceitos sobre liderança e desenvolvimento de pessoas.

Estamos tratando de uma empresa de um segmento especializado e que, portanto, tem uma abordagem muito técnica entre as pessoas, o que reforça uma visão dos gestores, líderes e gerentes de que o que mais importa é o objetivo atingido e se, por ventura, algum liderado está tendo problema com a realização e entrega do seu trabalho deve, e assim foi por muito tempo, ser "substituído" por alguém que responda mais rapidamente ao objetivo esperado.

Ainda com relação ao cenário, era desejo do presidente da empresa "transformar" esta liderança a partir do entendimento, por parte deles, de que cada um tinha um papel importante na formação de pessoas para a sustentação do negócio.

O meu principal trabalho, naquele momento, foi construir um plano de "como" mobilizá-los para este objetivo.

Um caminho possível seria formar dois grupos, líderes e gerentes, informá-los sobre os objetivos da alta direção da empresa e definir junto com cada grupo o que estaria disposto a fazer para contribuir neste sentido. Mas será que eu não estaria recorrendo no mesmo "erro" de tentar mobilizar com conceito e ideias, sem entender quais os recursos que cada indivíduo ali teria para contribuir com a mudança ou reforçar o comportamento atual?

Escolhi, então, o caminho do autoconhecimento, que acredito sem o qual não conseguimos sensibilizar ninguém a mudança alguma, pois é o ponto crucial de partida para qualquer ação de desenvolvimento.

Em tempos como este, onde somos muito pressionados por apresentar resultados, se torna cada vez mais necessário investir em autoconhecimento e alocar esforços para ampliar a consciência sobre si mesmo, suas emoções, suas limitações e o que orienta suas escolhas. Significa, ainda, ampliar sua percepção sobre o que realmente são suas qualidades, capacidades e áreas que precisam de fortalecimento por não serem seus pontos, naturalmente, fortes.

Investir tempo no conhecimento de si próprio contribui para que o indivíduo se reconheça nas suas características e, tão importante quanto, permite que ele amplie sua percepção sobre as pessoas ao seu redor, não as julgando, como muitas vezes fazemos tão habilmente, mas entendendo suas reais características e seus motivadores.

Levando em conta estas considerações foi que propus para este projeto, convidarmos todos os participantes a responderem à ferramenta de Análise de Perfil *Extended* DISC® para darmos início às reuniões das Oficinas de *Coaching*.

Quando se busca o Autoconhecimento por meio de uma ferramenta com forte sustentação teórica, de rápida aplicabilidade assim como de rápido entendimento por parte do indivíduo, estamos procurando aprimorar as habilidades daquele indivíduo assim como de suas competências para poder conseguir contribuir da melhor forma possível para a organização em que atua.

Isto feito em grupo, temos ainda a grande e maravilhosa oportunidade do mapeamento do perfil da equipe, através do relatório de Análise de Equipe *Extended* DISC®, o que, no caso desta empresa, muito nos ajudou a entender porque o comportamento dos líderes se manteve inalterado, mesmo após terem tido acesso a conceitos modernos sobre liderança e desenvolvimento de pessoas.

Escolhido o método de trabalho, iniciamos as reuniões das Oficinas de *Coaching*, onde o primeiro passo foi alinharmos o objetivo daquele grupo e o comprometimento de cada um com o que foi estabelecido. Este trabalho começou pelo 1o nível de gestão, os líderes, que eram responsáveis por equipes grandes e que vinham atuando muito fortemente na cobrança de resultados e no controle daquilo que "estava dando certo ou que precisava de correção de rota".

Esses líderes estavam bastante habituados a "exigir" o devido comprometimento de seus liderados, o que, muitas vezes, não acontecia a ponto de atender suas expectativas. O que acontece com a gestão desses líderes? Primeiramente, eles acreditavam ser a cobrança o único modelo de gestão e quem não se ajustasse a ele estaria fora da organização.

Dentro deste contexto, discutimos longamente sobre as crenças, ali presentes, a respeito de liderança para então apresentar ao grupo o conceito da ferramenta Análise de Perfil *Extended* DISC® para que cada um fosse se apropriando do conceito e das características do seu próprio perfil e, principalmente, qual o impacto do perfil na forma de construir relacionamentos e fazer a gestão de seus liderados.

Considerando que estávamos diante de um grupo em que a predominância das características estava em C (Conformidade) e D (Dominância), ou seja, indivíduos cuja maneira de avaliar as situações e de construir suas próprias percepções é fortemente racional, prática e que tende a não considerar aspectos relativos às emoções e sentimentos, tínhamos ali a razão de uma liderança tão preocupada com resultados rápidos, mas sem considerar que os seus liderados (até este momento chamados por eles de "recursos") eram movidos por motivadores diferentes porque tinham perfis e características próprias. O ganho efetivo desta situação foi a ampliação de consciência dos líderes sobre como o perfil, sem julgamentos de certo ou errado, impacta diretamente na forma de gestão. As próximas reuniões de Oficinas de *Coaching* foram pautadas por discussões, exercícios e exemplos em torno da reconstrução de um modelo de liderança através do desenvolvimento de novas atitudes, por parte dos líderes, que contribuíssem para o crescimento de seus liderados a partir de uma gestão mais próxima, que atendesse as necessidades de cada um a fim de fortalecer o time para que todos pudessem, sim, trazer resultados cada vez melhores.

Ao longo destas Oficinas de *Coaching*, o grupo foi compreendendo que, além das características do perfil do time, tínhamos também as crenças sobre liderança e modo de agir do segundo nível de liderança, os gerentes destes líderes.

Alinhamos, então, que este grupo também passaria pelas Oficinas de *Coaching*, partindo do maravilhoso exercício de ampliação de consciência através da ferramenta de Análise de Perfil *Extended* DISC®. Seguimos o mesmo modelo utilizado com os líderes e, na primeira reunião, na qual foi apresentado o conceito e o perfil de cada um, identificamos que também naquele grupo de gestão havia uma forte predominância de características C e D. Sendo assim, estávamos, novamente, diante de uma equipe de gestores cuja forma de agir estava muito orientada pela lógica, pela razão e pela entrega de resultados rápidos, concretos e sem muita interferência ou aproximação com o time.

Foi nesta ocasião que este trabalho de Oficinas de *Coaching* ganhou maior proporção dentro da organização, uma vez que a maior parte do grupo de gestores estava sensibilizada pelo autoconhecimento, e disposta, através de suas atitudes, a desenvolver novas formas de gestão de pessoas.

As Oficinas de *Coaching* continuaram com os dois grupos e, com muito esforço de todos ali envolvidos, pude perceber o crescimento de cada um, a partir de uma gestão, que, embora ainda estivesse muito preocupada e interessada nos resultados, estava partindo do princípio de que as pessoas devem ser tratadas na sua individualidade, respeitando sempre as práticas da empresa e os objetivos do negócio, mas com a devida atenção ao que cada um necessita para dar o melhor de si.

O grande aprendizado deste trabalho, para toda esta equipe, foi de que através de maior conscientização de quem somos nós, nossas fortalezas, nossas áreas de risco e o que nos impulsiona, podemos exercer melhor os papéis que nos cabem na nossa jornada, seja ela pessoal ou profissional. Ser um líder melhor significa agregar valor à gestão de pessoas, fazendo com que a equipe se torne mais madura em termos de desenvolvimento e que consiga trazer melhores resultados. Unimos aqui duas grandes necessidades, resultados consistentes por meio de pessoas conscientes e responsáveis.

Coaching & Análise de Perfil

5

Resultados Observáveis
em *Coaching*

Claudia Algoso Frasson & Evelyn Guelfi

CLAUDIA ALGOSO FRASSON
& EVELYN GUELFI

Claudia atua como *Coach* na área de desenvolvimento humano, graduada em Administração de Empresas e Psicologia com Especialização em Marketing e Gestão de Pessoas, membro da Sociedade Brasileira de *Coaching*. Certificada em *Personal Professional Coaching, Executive Coaching e X-treme Positive Coaching*. Certificada em Análise de Perfil Pessoal e de Equipes pela *Extended* DISC®.
Evelyn é graduada em Psicologia com Especialização em Neuropsicopedagia, formação em Orientação Profissional e certificada em análise de perfil comportamental. Membro do Instituto Brasileiro de *Coaching* - IBC, com certificação em *Professional & Self Coaching, Leader Coach*. Juntamente com Cláudia Algoso, publicou em 2007 o estudo: Análise dos Fatores que Levaram à Escolha do Cônjuge em Indivíduos Pesquisados na Cidade de Londrina e Região.

(43) 9961-0061 / (43) 9629-0637
www.greatcoaching.com.br
contato@greatcoaching.com.br

> "Se você não fizer nada, não existirão resultados."
> (Mahatma Gandhi)

Em algum momento de nossas vidas, vamos nos deparar com situações desafiadoras e adversas que podem nos gerar medo, insegurança, ansiedade. Muitas vezes, acabamos sabotando, paralisando ou exagerando nossos comportamentos e nossas ações.

Esses eventos podem estar acontecendo consigo neste momento e, provavelmente, você vai percebê-los pelo desconforto, pelo isolamento e pela falta de interesse e de engajamento com os propósitos da empresa e das pessoas que se relacionam consigo, comprometendo a sua carreira. Segundo Tracy (2005), as pessoas agem no mundo exterior de acordo com os reflexos de seu interior, ou seja, dos valores, das crenças, das expectativas, entre outros sentimentos, portanto, o comportamento do indivíduo é mais determinado pelo que ocorre em seu mundo interno do que qualquer outro fator.

Para conquistar seus objetivos é necessário encarar os obstáculos de forma positiva, construindo um comportamento que ressignifica e transforma os fatores negativos em oportunidades. Essa atitude vai ajudar a solucionar problemas e a crescer nas adversidades. Ao saber enfrentar os desafios de forma paciente e organizada, você aprenderá a ser flexível e a pensar de modo criativo, inovador e estratégico. Porém, para algumas pessoas, mudar comportamento pode estar até mesmo relacionado a um paradigma. Temos de entender que cada indivíduo possui um tempo e uma maneira de reagir e de se comportar em face de mudanças.

Diante disso, o processo de *Coaching* atua como um facilitador, proporcionando ao indivíduo autoconhecimento, identificação de crenças, reflexão, autonomia e superação, além de organização de metas e planejamento das ações para que se consiga atingir o objetivo desejado. Assim, quando o indivíduo evolui no âmbito pessoal, automaticamente isso refletirá no âmbito profissional e nas demais áreas de sua vida.

Para O'Connor & Lages (2012), "*Coaching* é sobre mudança, sobre efetuar mudanças". É um meio de trabalhar com as pessoas auxiliando-as a se tornar mais competentes e realizadas para que possam ser capazes de contribuir com a empresa ou no âmbito pessoal e encontrar significado no que estão fazendo.

Para exemplificar como o processo de *Coaching* atua positivamente na vida de uma pessoa, relatamos um caso a seguir.

Este *coachee* estava com 36 anos, cursava MBA e buscava reconhecimento profissional na sua área de atuação. Paralelo a isso, já pensava em sua aposentadoria e se imaginava no ramo da gastronomia. Dizia ter prazer em cozinhar e era elogiado frequentemente pelos familiares e amigos.

Durante o *assessment*, ficou evidente a necessidade de foco. O objetivo não era claro, um se sobrepunha ao outro: tornar-se um gestor ou se preparar para ser um chef? O primeiro passo foi admitir que cozinhar era um hobby, que era feito por prazer e eventualmente. Chegou a essa conclusão depois de analisar estrategicamente os seus objetivos.

Nessa análise, veio à tona um de seus paradigmas que fortalecia a sua crença e, automaticamente, prejudicava-o por acreditar que na sua área não teria muito mais do que 15 anos para atuar, percebia a idade como uma limitação profissional. Aqui podemos ver claramente que o seu comportamento está refletindo o seu interior, assim como explica Tracy (2005, p.80): "Sua atitude será uma manifestação exterior ou um reflexo de seus valores, suas crenças e suas expectativas".

Com o objetivo definido e a data estabelecida, houve a continuidade do processo de *Coaching*. O foco era único, e as metas eram cumpridas, uma a uma, com dedicação e confiança. Com menos de três meses, ele já havia conquistado seu objetivo e, por mais alguns meses, foi acompanhado em um novo e desafiador cargo, a gerência.

Diferentemente de uma psicoterapia, o *Coaching* tem prazo determinado e seu foco é no resultado desejado. O indivíduo deve ter o controle máximo sobre sua própria vida.

Ainda no nicho empresarial, vamos analisar mais um caso e como o *Coaching* favoreceu a vida do *coachee*.

Executivo de alto desempenho, com 47 anos, responsável pelo resultado de uma equipe de gerentes na área financeira, foi transferido há três anos de outro Estado e mora com sua família, que já está adaptada à cultura e à distância da terra natal.

Ele viaja com frequência e procura sempre estar próximo de sua equipe, fazendo *follow-up* e fornecendo constante *feedback*. Relata ser uma pessoa altamente criativa, parceira e comprometida com o desenvolvimento de todos e que, nos últimos meses, não estava conseguindo os resultados almejados, por isso resolveu procurar ajuda de um *Coach*. Tracy (2005, p. 78) explica que "a maioria das pessoas não tem clareza sobre suas metas, valores e ideais e, por este motivo, avançam e recuam, realizando muito pouco". Neste caso, o *Coach* apoiará o cliente na busca e identificação de seus objetivos almejados.

Flaherty (2010) esclarece que o *Coach* é alguém que constrói com o *coachee* um relacionamento de respeito e, então, consegue investigar as situações em que o cliente se encontra com a interpretação dada por este aos eventos relatados. Já O'Connor & Lages (2012, p. 3) apresentam a ideia de que "um *Coach* é um mágico da mudança que apanha suas cartas e ajuda-o a obter uma mão melhor, ou, às vezes, a mudar as regras do jogo, ou encontrar um melhor jogo".

Os autores ainda explicam que o *Coach* não só faz o papel do mágico como atua batalhando pela liberdade que envolve: a liberdade de algo e a liberdade para fazer algo.

Durante a etapa do *assessment*, a Análise Pessoal *Extended* DISC® foi essencial para que o *coachee* pudesse entender melhor o seu perfil e também o de sua equipe. Suas queixas estavam relacionadas ao comportamento, pois ele não entendia como alguns gerentes não conseguiam se desenvolver e gerar bons resultados com suas equipes.

Nas sessões de *Coaching*, pudemos trabalhar o desenvolvimento de competências, com ações específicas para os perfis gerenciais com os quais não estava tendo sucesso. Aqui vale uma importante ressalva de Maxwell (2007, p.150): "Mas, para liderar os outros, você precisa diminuir o ritmo o suficiente para relacionar-se com eles, engajá-los e levá-los com você".

Seu desempenho no *Coaching* foi excelente e, em poucas sessões, já conseguiu alinhar e engajar toda a sua equipe aos propósitos estabelecidos, garantindo um ambiente de trabalho mais produtivo, saudável e harmônico.

O processo de *Coaching* pode ajudá-lo a se conhecer melhor e, com isso, obter melhores resultados, maximizando os pontos fortes e minimizando os pontos fracos, sempre com o foco no objetivo e nas metas estrategicamente calculados.

Dando sequência na apresentação de resultados observáveis em *Coa-*

ching, relatamos agora outro caso, abrangendo um nicho diferente. Desta vez, uma jovem, recém-formada, sem trabalhar e insatisfeita na escolha de sua profissão. O que podemos identificar é que o *Coaching* pode ser usado em qualquer área da vida de uma pessoa, quando há um objetivo, o desejo por alcançar, foco e determinação, os resultados inevitavelmente acontecem.

Esta *coachee* de 23 anos, formada em administração de empresas, buscou *Coaching* por estar infeliz, desanimada, alegando a necessidade de trabalhar e a falta de vontade por fazê-lo.

A escolha da profissão para muitas pessoas é algo difícil de realizar, pois envolve a sua identidade social, a sua capacidade de decisão autônoma, os seus desejos, o mercado de trabalho, a situação econômica e as condições políticas vigentes. Ou seja, são muitos aspectos instáveis que influenciam na decisão e a tornam mais complexa.

Para uma tomada de decisão segura é preciso que a pessoa tenha o conhecimento e a compreensão dos aspectos internos, como suas características pessoais, seus valores, suas expectativas, seus sonhos, suas crenças, enfim, todos os que movem o ser humano, e também de muitos aspectos externos. São compreensíveis as incertezas, os medos e a consequente instabilidade emocional, agravados ainda pelo exíguo período para uma análise consistente.

O *Coaching* proporciona o autoconhecimento, a identificação e a superação de crenças bloqueadoras, a organização de metas e o planejamento das ações para se atingir o objetivo esperado.

A responsabilidade pelas decisões é exclusiva do *coachee*, no qual todo o processo é centrado, pois ele deve ter o controle máximo e autonomia sobre sua própria vida.

A *coachee* estava em um conflito. Em alguns momentos, relatava o desejo de ser como a mãe, que não trabalhava, mas se dedicava à família; em outros momentos, o desejo era de ser uma profissional realizada, uma mulher ativa no mercado. Assim, ela havia decidido que iria unir os dois desejos trabalhando em algo com horário ou carga horária mais flexível. Porém, expressava-se com frequência que se sentia incapaz de ser uma profissional de sucesso.

Ao longo dos encontros, ela pôde perceber sua crença bloqueadora de incapacidade, que reconheceu como originária de eventos reprovação e exposição quando ainda estava no ensino fundamental. Essa reprovação afetou sua autoconfiança, as mensagens que recebera na época eram de que ela não seria inteligente e capaz.

A partir da ampliação de seu autoconhecimento e de todas as análises proporcionadas pelo *Coaching* foi de que, na verdade, parecia ser mais fácil assumir uma postura de dona de casa do que a de uma profissional, pois o risco de errar ou não ter sucesso seria bem menor. Além do que, ela pôde perceber que, sem ação, não há resultado. Não adiantava listar desculpas para não ir em busca de seu sonho, pois somente o desejo não basta, é preciso ter atitude para concretizá-lo.

No decorrer do processo de *Coaching*, ela pôde se conhecer melhor, refletir sobre suas habilidades e seus desejos, ressignificar suas crenças e passar a confiar mais em seu potencial. Conseguiu enxergar todas as profissões e argumentar sobre o porquê seriam possíveis ou não para ela.

Ao término do *Coaching*, esta jovem estava pronta para atingir seus objetivos e atuar de forma contributiva para com a sociedade. Em face das opções que identificou e analisou, decidiu que gostaria de trabalhar meio período e dar continuidade aos estudos na área de Psicopedagogia. Relatou que se sentiria muito feliz em trabalhar com crianças, em especial aquelas que apresentam transtornos de aprendizagem, pois desta forma poderia ajudar crianças a não passarem pelo que ela passou na infância.

Ao falar sobre resultados de *Coaching*, implica que falaremos sobre mudanças, em sair do estado atual e ir para o estado desejado. Rohn (1995) descreve que uma das fontes que leva o indivíduo ao processo de mudança está relacionada ao desespero. Esse sentimento é fruto de meses ou anos de negligência acumulada e, assim, a necessidade de encontrar respostas imediatas para os desafios que ficaram acumulados. Porém, a outra fonte de mudança é a inspiração, esta mais saudável, que proporciona ao indivíduo o desejo de alcançar seus objetivos antes mesmo de ser prejudicado pela sua falta.

REFERÊNCIAS BIBLIOGRÁFICAS

FLAHERTY, James. *Coaching* - Desenvolvendo Excelência Pessoal e Profissional. Rio de Janeiro: Qualitymark, 2010.

MAXWELL, John C. O Líder 360°: Como desenvolver seu poder de influência a partir de qualquer ponto da estrutura corporativa. Rio de Janeiro: Thomas Nelson Brasil, 2007.

O'CONNOR, Joseph & LAGES, Andrea. *Coaching* com PNL. Rio de Janeiro: QualityMark, 2012.

ROHN, E James. As Sete Estratégias para a Prosperidade e a Felicidade. 1995.

TRACY, Brian. Metas: Como conquistar tudo o que você deseja mais rápido do que jamais imaginou. Tradução de Clóvis Marques. Rio de Janeiro: Best Seller, 2005.

Coaching & Análise de Perfil 6

Feedback e *Feedforward*

CRISTINA OLIVEIRA LOPES

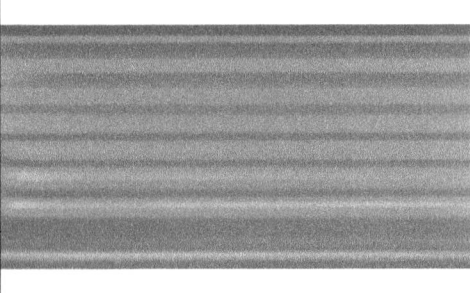

Cristina Oliveira Lopes

Psicóloga pela UNIB (Universidade Ibirapuera), com MBA em Gestão Estratégica de Pessoas pela BBS (Brazilian Business School). Qualificada em Análise Avançada de Perfil Comportamental de Pessoas e Equipes, Jogos por Competência e Modelos de Aprendizagem. Atua como consultora sênior na Brightlink Consultoria, possui vivência em psicologia organizacional, reunindo dez anos de sólida experiência em avaliação e alavancagem do potencial humano. Como facilitadora, tem atuado no desenvolvimento e qualificação de pessoas em diferentes programas de treinamentos. Ministra o Treinamento de Certificação da *Extended DISC®* Brasil e workshops utilizando a ferramenta de Análise de Perfil para promover o autoconhecimento e desenvolvimento dos participantes.

(11) 5053-7902
cristina.lopes@brightlink.com.br / cristina.oliveira.lopes@outlook.com
https://br.linkedin.com/in/cristina-oliveira-lopes-82ba2113

Acredito que o primeiro passo para compreender o tema proposto é recobrar o conceito de *feedback*. Fornecer *feedback* significa dar um parecer sobre o desempenho de um trabalho, revelando os pontos positivos e negativos, e desta forma proporcionar condições para melhoria e aperfeiçoamento.

Parece uma tarefa relativamente simples, mas a realidade é que a palavra *feedback* está condicionada ao julgamento, onde seus erros são revelados e suas habilidades são colocadas à prova, desta maneira, o *feedback* perde seu propósito e consequentemente o poder de impulsionar mudanças comportamentais e benéficas ao desempenho de uma pessoa ou de equipes.

Nesse momento, a questão central é como mudar esse paradigma levando em consideração que o *feedback* causa uma reação negativa nas pessoas? É possível permanecer utilizando o *feedback* como ferramenta de gestão? A resposta para essas perguntas é sim, o *feedback* pode e deve ser utilizado como ferramenta de gestão e aliado ao *feedforward* pode impulsionar ainda mais o desenvolvimento de pessoas e equipes.

O *feedforward* é uma técnica desenvolvida pelo Coach Marshall Goldsmith, onde o parecer sobre o desempenho de uma determinada atividade está voltado para o futuro, ou seja, você passa a olhar para as oportunidades de melhorias e deixa de concentrar-se no que não aconteceu no passado. Assim como no *feedback*, existe a necessidade de fornecer uma orientação, a grande diferença é que você passa a falar sobre o que pode ser feito e deixa de falar do que foi feito, sendo assim a perspectiva sobre a reunião de devolutiva se altera, uma vez que você sai do papel do que julga e critica para assumir o papel do que ajuda a potencializar os resultados futuros.

A reorientação proposta no momento de uma reunião de *feedback* e *feedforward* precisa ter como principal objetivo a condução de uma equipe ou pessoa a um alvo e não o simples apontamento de críticas e erros.

É fato que direcionar o resultado de uma equipe é habilidade primordial para os líderes, e o sucesso desse direcionamento depende de como ele aponta os aspectos que podem ser aprimorados. Ter clareza do que aconteceu de satisfatório e insatisfatório durante um período ou projeto é importante para identificar as áreas de melhorias, mas ao elencar esses fatos sugerindo alternativas para solução no futuro é sem sombra de dúvida uma experiência mais produtiva do que uma reunião unilateral de *feedback* entre o líder e o liderado.

FEEDBACK E FEEDFORWARD ALIADOS A FERRAMENTA DE ANÁLISE DE PERFIL PESSOAL

A grande missão dos líderes é fazer com que os resultados de sua equipe sejam aprimorados e potencializados, o *feedback* pode apoiar esse momento se utilizado adequadamente como uma ferramenta de gestão. Entretanto, muito antes de aplicar a técnica do sanduíche, desenvolvida por Roland & Frances Bee em 1996, algumas condições são necessárias para se realizar um bom *feedback*, e a primeira delas é a promoção do autoconhecimento.

A ferramenta de análise de perfil pessoal da *Extended* DISC® permite que tanto gestor quanto liderado tenham acesso a informações preciosas sobre o estilo comportamental e o possível impacto das ações nas pessoas e no meio.

Sempre que utilizo a ferramenta em processos de *assessment* center e me apoio no instrumento para dar a devolutiva, percebo o quão revelador o contato com o resultado pode ser. O autoconhecimento é ponto de partida para aprimorar as fortalezas e desenvolver as áreas de atenção. Fornecer *feedback* sem conhecer as tendências de comportamento do avaliado é como comprar um presente para um desconhecido, você tem grandes chances de não agradar com sua escolha, sendo assim, como pré-requisito para o sucesso do *feedback* é necessário obter algumas informações prévias sobre o estilo de seu interlocutor. Muito mais que informações sobre comportamento, quando você utiliza uma ferramenta validada e com teoria reconhecida mundialmente deixa de lado os "achismos" e foca em dados concretos.

Outra condição importante para realizar uma boa reunião de *feedback* e *feedforward* é o ajuste da comunicação. Conectar-se aos membros de uma equipe através de uma abordagem ajustada viabiliza maior compreensão das informações e consequentemente melhor eficácia no fornecimento do *feedback*.

A ferramenta de análise de perfil pessoal da *Extended* DISC® fornece informações relevantes nesse sentido, visto que ao conhecer os diferentes estilos você amplia a compreensão das preferências de cada indivíduo e potencializa sua argumentação. Após a escolha do estilo de sua abordagem é importante ter clareza do que precisa ser dito e preparar-se para discorrer sobre as evidências. Destaque os dados e analise o contexto, não permita que justificativas de cunho pessoal tomem o ponto central da reunião. Entretanto, independente do estilo de comunicação que irá adotar é primordial manter uma atitude aberta e disposta a ouvir, essa postura permite maior entrosamento entre os membros da reunião.

Um outro fator que deve ser considerado para realização do *feedback* é estar preparado para enfrentar uma reunião, na qual você não terá o controle das reações de seu interlocutor, e é também por esse fato que as pessoas evitam dar *feedback*.

Costumo dizer que o *feedback* é o reflexo de um espelho que pode revelar para a pessoa aspectos que não são percebidos, e muitas vezes o contato com o desconhecido causa rejeição e medo. Não tente impor a devolutiva, respeite o tempo e a decisão da pessoa em aceitar ou não o que está apontado, essa atitude isenta o *feedback* do julgamento e elimina o tom de acusação.

Abra sempre espaço para ouvir e considerar a opinião do avaliado, essa conduta ajuda você a perceber qual o nível de conforto da pessoa e cria uma atmosfera propícia a troca de percepções.

Feedback e *Feedforward* Aliados à Gestão de Pessoas

O alinhamento das expectativas entre gestor e equipe só é possível através do diálogo, e pode beneficiar o líder com informações importantes para o desenvolvimento mútuo. O *feedback* simultâneo entre líder e liderado é definido por Marshall Goldsmith como "*feedback* ascendente", em que ambos relatam o que pode ser melhorado, para assim equalizar as estratégias e ações de aperfeiçoamento. É importante destacar que falar sobre desempenho é uma grande oportunidade de crescimento, tanto para o gestor como para sua equipe.

O grande objetivo do *feedforward* é proporcionar uma saudável, e por que não, agradável conversa sobre o que, e como pode ser melhorado. Dar a responsabilidade sobre seu próprio desenvolvimento é o segredo do *feedforward*, pois estimula a autonomia sobre as mudanças de comportamento para o aprimoramento de habilidades.

O *feedback* e o *feedforward* são ferramentas complementares, cada uma com seu papel apoia líderes e liderados a desbravar o caminho para o desenvolvimento de competências e a conquista de resultados promissores. Para realizar o *feedforward* é necessário que diante de tudo que foi apresentado como oportunidade de crescimento o avaliado escolha qual a principal problemática e desejo de mudança, dê oportunidade para que comece a falar sobre como pode alterar o comportamento e/ou resultado, deixe-o criar alternativas e subsidie a reflexão com sugestões.

O gestor pode alinhar expectativas quanto aos pontos a serem aprimorados, mas cuidado, pois existe uma tendência natural das pessoas escolherem suas maiores vulnerabilidades, e nem sempre essa é a melhor opção. Novamente, Marshall Goldsmith destaca que "geralmente o que impede o progresso da pessoa não são suas fraquezas. Na verdade, elas se mostram tão confortáveis com seus pontos fortes que abusam destas características até que, na realidade, se transformam em vulnerabilidades", desta maneira, escolha áreas factíveis e de menor vulnerabilidade para aumentar a probabilidade de sucesso na aplicação do *feedforward*. Correlacione às informações da ferramenta da *Extended* DISC® com fatos reais e proponha a mudança de no máximo dois comportamentos que possam refletir de forma positiva em sua atuação.

Após mapear todas as informações, traçar um plano de ação adequado é essencial para impulsionar a mudança. Esse plano deve ser construído com as sugestões de melhoria do próprio avaliado para assim reforçar seu compromisso com o desenvolvimento de suas áreas de atenção.

Também é importante determinar diálogos contínuos sobre os resultados conquistados, isso fortalece o comprometimento do líder com a melhoria de seu liderado. O acompanhamento é a melhor maneira de mensurar de forma clara se a mudança de comportamento está acontecendo ou não, mas, além desse aspecto, se manter a par do processo permite que o colaborador fale sobre as dificuldades e desafios encontrados para ajustar sua atitude e consequentemente colher resultados diferentes. Essa troca fortalece o vínculo de confiança entre gestor e membro de equipe e confirma o compromisso de ambos em apoderar-se das mudanças positivas.

O *feedback* aliado à técnica do *feedforward* é capaz de dar poder para uma equipe ou indivíduo, pois a proposta não é revisitar o passado para remoê-lo, mas sim usá-lo como norte para aprimorar o comportamento e resultados no futuro.

Feedback e *Feedforward* Aliados ao Resultado do Assessment

Para ilustrar o processo descrito até aqui quero registrar um caso no qual pude perceber o efeito transformador do *feedback* e do *feedforward*.

Após realizar o *assessment* de um gerente médico de uma importante indústria farmacêutica, marcamos o dia para a devolutiva. Ele estava ansioso pelo resultado e parecia disposto a contestar minhas observações.

Iniciei a reunião perguntando qual foi a impressão que teve da avaliação, quais foram as reflexões e como se sentiu. Ele mencionou que o processo foi interessante, pois ao falar das experiências passadas percebeu a importância dos desafios que tinha enfrentado até ali, mas também recobrou alguns insucessos e refletiu no que poderia ter sido diferente.

Muito analítico e pragmático, tinha clareza de que minha abordagem necessitava ser clara, objetiva e concreta, desta forma, antes de falar do resultado propriamente dito, clarifiquei que nossa reunião iria percorrer os tópicos: estilo de comportamento, pontos alavancadores de performance, impacto das ações no meio e iríamos concluir falando sobre as sugestões de desenvolvimento. Nesse momento percebi que sintonizei meus argumentos ao estilo de comunicação dele, pois ficou claro o objetivo do começo, meio e do fim do nosso encontro.

Antes de falar do resultado da ferramenta da *Extended* DISC®, abordei brevemente a teoria que sustenta a Análise do Perfil Pessoal, a partir desse ponto direcionei seu olhar para o resultado que obteve, e, gradativamente, fui descrevendo suas preferências de comportamento. Ao se identificar com as características um leve sorriso tomou sua expressão, o que me confirmou a impressão de que o avaliado estava mais confortável e receptivo ao *feedback*. Nesse momento sempre me preocupo em questionar se o que estou dizendo faz sentido para ele ou não, e como resposta recebi que parte estava se encaixando, mas algumas coisas destoavam. Como conhecia seu estilo, já esperava esse retorno, visto que estava diante de uma pessoa muito racional e de elevada crítica, sendo assim abri espaço para ouvir um pouco sobre suas percepções. Após ouvir atentamente o que ele dizia pude relacionar ali mesmo o conteúdo da argumentação com seu estilo de comportamento, ele explanou algumas situações concentrando-se nos fatos reais e nos detalhes das informações, esse foi o gancho perfeito para passar para os próximos tópicos.

O ponto alto de nossa reunião se deu quando comecei a ilustrar quais eram os impactos de suas atitudes no meio e nas pessoas, a partir desse momento ele compreendeu o que gerou os insucessos que mencionou no começo da reunião e se apropriou completamente do resultado. Sua postura corporal também já era outra, no início ereto, com poucos movimentos e olhar investigativo, agora sua coluna já estava levemente inclinada em minha direção e seu olhar já era mais amistoso.

Antes mesmo de partir para as sugestões de desenvolvimento ele me interpelou sobre o que deveria fazer para mudar os aspectos apontados e ali pude iniciar o *feedforward*. Solicitei que escolhesse duas áreas de crescimento que iriam impactar positivamente na realização de seu trabalho, desta forma, fui encaminhando para reflexão do que poderia ser diferente, e enfatizei que ele mesmo poderia criar várias sugestões e alternativas. Como resultado, ele escreveu seu próprio plano de ação, se comprometendo com o desenvolvimento das competências destacadas.

Depois de algum tempo, recebi um e-mail onde esse avaliado descreveu o quanto mais leve e fácil tinha se tornado o dia a dia de trabalho e que nossa conversa foi determinante para passar a enxergar as situações e cenários com uma perspectiva diferente.

Em suma, a grande mensagem que espero compartilhar é que o *feedback* não deve, e não pode, se transformar em um momento de tensão. Deve ser visto como uma oportunidade de todos dentro da organização para aprimorar suas competências e habilidades.

Realizar com conforto uma devolutiva depende de técnica, mas principalmente de empatia e sensibilidade, reunindo esses elementos, seja você líder ou consultor da área de desenvolvimento de pessoas, pode proporcionar mudanças e transformações na vida de seus liderados e clientes.

Postergar o momento do *feedback* e *feedforward*, por receio da polêmica e inquietação, é o que mais acontece nas organizações, sendo assim, proponho uma reflexão diante da frase de Eleanor Roosevelt (1884 a 1962):

"Você ganha forças, coragem e confiança a cada experiência em que você enfrenta o medo. Você tem que fazer exatamente aquilo que acha que não consegue".

O segredo está na prática, não hesite!

REFERÊNCIAS BIBLIOGRÁFICAS
BEE, Roland & Frances. *Feedback*. Tradução Maria Cristina Fioratti Florez. São Paulo: Nobel, 2000.
E-book http://sixsigmabrasil.com.br/documentos/voce_sa_feedback.pdf
ROSENBERG, Merrick & SILVERT, Daniel. *Taking Flight*. Estados Unidos da América: FT Press, 2010.
Consulta às páginas no dia 02/05/2016:
http://blog.extendeddisc.com.br/2015/10/23/experimente-feedforward-ao-inves-de-feedback/
http://blog.extendeddisc.com.br/2015/09/10/criando-mudancas-positivas-no-comportamento-de-lideranca/
https://pt.wikipedia.org/wiki/Eleanor_Roosevelt
http://www.significados.com.br/feedback/

COACHING & ANÁLISE DE PERFIL

7

AUTOCONHECIMENTO, FORMA ASSERTIVA DE ESCOLHA PROFISSIONAL

DIANE PONCE VALLE

Diane Ponce Valle

Atua em *Coaching* de jovens para definição, encaminhamento e revalidação de escolhas profissionais e de carreira. Graduada em Economia pela PUC (Pontifícia Universidade Católica de São Paulo), MBA em Gestão de Desempenho pela FGV (Fundação Getúlio Vargas de São Paulo), e especializações em Administração de Produção e em Gestão Ambiental com foco em Sustentabilidade. Reúne 25 anos de experiência profissional na área de educação e *Coaching*. *Executive Coaching* pela SBC (Sociedade Brasileira de *Coaching*), *practitioner* em PNL pela Ápice, com especialização em Constelações Familiares pelo Instituto Mario Koziner. Certificação em Análise de Perfil Pessoal e de Equipes pela *Extended* DISC®.

(11) 4192-2991 / 95161-8029
dianeponcevalle@gmail.com

És comum em várias culturas perguntar às crianças: o que você quer ser quando crescer? Sonhar em ser astronauta, veterinário, piloto de carro de corrida, jogador de futebol, dentre outras, são respostas constantes nesse período em que existe a certeza de sermos únicos. A predestinação de fazer algo muito especial na nossa vida está intrínseca no caminho que sonhamos, mesmo que isso não seja exatamente o caminho que nossos pais nos desejam.

O objetivo deste capítulo é mostrar como a análise de perfil comportamental, junto com outras ferramentas e abordagens conceituais e interativas, possibilita escolhas assertivas de profissões para jovens entre 15 e 25 anos. Nesta fase da vida, seus sonhos são questionados, pois já cresceram e o tema principal da sociedade que os rodeia passa a ser: é melhor pensar no que você vai fazer da sua vida!

Durante a minha formação como *Coach*, quando o tema ferramentas com base na Teoria DISC emergiu, percebi que seria um instrumento poderoso e que muito me ajudaria no *Coaching*. Fui em busca do Treinamento de Certificação nas ferramentas da *Extended* DISC® e imediatamente passei a aplicá-las, pois era o diferencial que estava precisando. Como minha formação é em Economia, fatos concretos para uma análise profunda e com mais exatidão sempre foram meu maior apoio, em toda minha carreira, na qual procuro lidar com recursos com alta validação para obter os melhores resultados.

Meu trabalho como *Coach* visa facilitar a escolha de um caminho profissional potencial e carreira para jovens, usando a Análise de Perfil *Extended* DISC®, junto com ferramentas de *Coaching* e de Programação Neurolinguística. Como resultado, os jovens que participam deste processo percebem que aquilo que aprenderam passa a fazer diferença em suas vidas e no modo que estão e atuam no mundo, servindo de ponto de partida para aprofundar-se no autoconhecimento, pois além de encontrarem uma profissão em potencial descobrem-se como indivíduos.

Conhecendo Quem São os Jovens Entre 15 e 25 Anos

Na maior parte das vezes, são os pais que procuram o meu trabalho, pois estão preocupados com a escolha dos seus filhos. Esses pais encontram-se ansiosos e com dificuldade em entender qual a razão da indefinição da escolha de uma profissão, uma vez que no passado as escolhas eram realizadas sem tanto questionamento.

O mercado de trabalho mudou, as profissões mudaram e o modo como os jovens colocam-se no mercado de trabalho também mudou.

Conforme pesquisa realizada pela Delloite em conjunto com a Millward Brown em 2014, sobre a geração que nasceu após 1982, chamada como Millennial, fica claro que estamos trabalhando com um perfil comportamental de indivíduos muito diferente das gerações anteriores. A pesquisa constatou que os jovens que fazem parte dessa geração pretendem trabalhar para organizações com um propósito e que as indústrias de tecnologia, mídia e telecomunicação são as mais desejadas para que estes desenvolvam suas competências. Os Millennials sugerem também que empresas e escolas trabalhem juntas com a intenção de preparar os talentos que possuem para o mercado de trabalho.

Barry Salzberg, CEO da Deloitte Global, afirmou que "A mensagem é clara: quando pensam nos seus objetivos de carreira, os Millennials mostram-se hoje tão interessados em saber como as empresas desenvolvem as suas pessoas e contribuem para a sociedade como nos seus produtos e lucros".

Este estudo permite ainda concluir que, as grandes multinacionais são menos atrativas para os Millennials dos mercados desenvolvidos (35%) do que para os dos mercados emergentes (51%). A geração Millennial dos mercados desenvolvidos está também menos disposta (11%) do que a dos mercados emergentes (22%) a começar o seu próprio negócio.

Conforme dados do Relatório de Validação da *Extended* DISC® de 2015, nota-se diferença de perfil predominante entre os indivíduos a depender da localização geográfica e faixa etária. Na América Latina, a geração Millennial tem características de perfil predominante "C", no modelo DISC, quando comparado com o perfil mundial. Porém, apesar do interesse pela tecnologia, mídia e telecomunicação, a população que constitui os Millennials da América Latina ainda continua escolhendo profissões tradicionais como as das áreas de Medicina, Engenharia, Advocacia e similares. Como entender esta tendência de escolha apesar do perfil comportamental?

Família, Valores e Crenças

Para trabalhar com jovens na adolescência, e com aqueles que acabaram de sair dela, torna-se necessário lidar com os valores familiares, conhecer uma história breve da vida dos pais e avós, pois muitas vezes as escolhas são baseadas na vida dos antepassados. Muitos pais sonham que seus filhos deem continuidade a profissões deles mesmos ou de familiares que tiveram sucesso em suas vidas em certas áreas de atuação. Sucesso é o fator principal na procura de uma profissão, e quais as variáveis que compõem este fator dependem das crenças de cada família.

Levar ao conhecimento dos familiares dados sobre a mudança que está ocorrendo no mercado de trabalho é de suma importância para que a escolha feita pelo filho ou filha seja respeitada. A aceitação da escolha realizada dá ao jovem maior autoconfiança como indivíduo e eleva potencialmente a escolha de uma carreira saudável e feliz a ser seguida.

Lembro-me de um jovem que relatou no *Coaching* o desejo de ser médico, e que a razão desta escolha era porque queria ser rico. Naquele momento, perguntei a ele qual o motivo que o levava a acreditar que médicos são ricos. Contou-me que tinha um familiar bem-sucedido que atuava na área da Medicina. Saber que ele poderia ter um caminho similar o deixava tranquilo. Entretanto, este jovem não conseguia sentir que tinha aptidão para esta profissão. Sabia também que teria de se dedicar muito aos estudos para passar no vestibular para Medicina e não tinha certeza de estar preparado para tal dedicação.

Foi aplicada a Análise de Perfil Pessoal *Extended* DISC® e constatado que este jovem apresenta perfil predominantemente "I". Ele era um comunicador natural, que era aberto a diferentes opiniões, e que interage com facilidade com diversos conteúdos e indivíduos. Foi realizado um trabalho profundo de autoconhecimento com este jovem para que pudesse reconhecer as crenças e valores adquiridos e quais eram aplicáveis a sua vida. Ele pôde entender que o fator de sucesso financeiro deixava o "gostar do que se faz" em segundo plano. Assim sendo, o jovem trouxe um novo significado a sucesso, que primeiramente é gostar do que se faz e consequentemente ter ganho financeiro por estar fazendo o que se gosta. Concluiu que suas características pessoais e profissionais o levavam a trabalhar com mídia social.

Ao relatar aos seus pais sua decisão, que estavam esperando pela escolha por Medicina, no primeiro momento tiveram dificuldade em aceitar, mas depois, percebendo que a escolha estava apoiada no autoconhecimento e ao constatar a felicidade do filho por estar certo do que gostaria de fazer, passaram a apoiá-lo.

Esta primeira conversa com o jovem é muito importante, pois explora o caminho dos motivos que levam às escolhas em potencial e também no que se baseiam as possíveis indefinições.

Trabalhando com Análise de Perfil Junto com Outros Instrumentos

É comum vivermos uma vida que não é a nossa, fazendo coisas que nos contrariam, pois vão contra os nossos valores e crenças pessoais e perante as quais criamos resistência, por mais importantes que sejam estas atividades.

No meu trabalho, além da análise de perfil utilizo uma ferramenta desenvolvida por Robert Dilts, um dos grandes pesquisadores da PNL (Programação Neurolinguística), que a partir do trabalho do antropólogo norte-americano Gregory Bateason identificou uma hierarquia de classificação nos processos de aprendizagem, mudança e comunicação, o modelo chamado níveis neurológicos. Esta ferramenta pressupõe que atuamos em seis níveis neurológicos (ou lógicos) que compõem a nossa estrutura vivencial. Seguindo a hierarquia destes níveis, partindo do mais baixo para o mais alto, temos: Ambiente, Comportamentos, Capacidades, Crenças, Identidade e Espiritual.

Com esta ferramenta, resgatamos o indivíduo a si mesmo, fazendo-o rever a sua vida em cada um dos níveis, levando-o a considerar os ambientes perante os quais ele reage, os comportamentos que executa, as capacidades que lhe dão rumo de vida, as crenças que o motivam a viver, a sua identidade livre de nome ou títulos, e até sua espiritualidade, observando quem mais está envolvido em sua história de vida. Esta técnica promove uma profunda reflexão, resgatando aspectos da vida que foram esquecidos ou que estão sendo pouco trabalhados.

Relato um caso de uma jovem *coachee* cujos pais apresentavam enorme sucesso na área em que atuavam, e solicitaram-me que apoiasse a filha na definição da área de ingresso na universidade. Foi aplicada a Análise de

Perfil *Extended* DISC® e constatado que esta jovem apresenta perfil predominantemente "C", típico de uma especialista que busca a perfeição, indagadora que examina as razões das coisas e busca soluções. Ampliou seu autoconhecimento e qual seria a profissão mais próxima de suas características, porém esta jovem estava com muita dificuldade em decidir qual profissão seguir, não conseguia se identificar com nenhuma.

Ao agregar o modelo de níveis neurológicos no *Coaching*, a *coachee* reconheceu qual o ambiente onde queria trabalhar e seguindo os níveis neurológicos até concluir o que mais gostaria de estudar. Neste processo, ela fez uma descoberta-chave, de que gostaria de fazer algo para parar com a poluição no meio ambiente, deste modo ela foi percorrendo suas escolhas até chegar a Gestão Ambiental. O ponto de partida foi a expansão do autoconhecimento, quando percebeu sua indecisão na escolha de uma profissão, mas agora poderia prosseguir com seus estudos para atuar na área escolhida.

Em alguns casos, quando há indefinição entre as profissões escolhidas, utilizo a Matriz S.W.O.T., que consiste em uma análise detalhada da situação onde se encontra, o objetivo no cenário em que ele se encontra, o que ajuda a pessoa em questão na tomada de decisão. Seu principal objetivo é dar um diagnóstico estratégico que possa prever e prevenir condições negativas, além de firmar diretrizes que permitam a escolha se diferenciar.

Um jovem *coachee*, cujo perfil na Análise de Perfil Pessoal & Profissional *Extended* DISC® era "Relacionado: típico de situações que envolvam vínculos interpessoais e cooperação, ambiente amistoso e voltado ao melhor resultado coletivo", não conseguia decidir entre os cursos de Jornalismo, Relações Internacionais e Direito. As três profissões combinavam muito bem com seu perfil, então, além de apresentar profissionais das respectivas áreas para aprofundar o conhecimento a respeito, apliquei a matriz S.W.O.T., o que foi decisivo para a escolha por Relações Internacionais.

Existem vários instrumentos que podem ser utilizados em conjunto com a Análise de Perfil *Extended* DISC® para jovens na escolha de carreira, caso haja necessidade. Cabe ao profissional escolher o modelo que mais se ajusta ao *coachee* em questão.

Para concluir, relato este caso de um jovem que buscava saber qual seu perfil profissional, pois estava com dúvidas entre prosseguir com a atual profissão ou tornar-se estudante em uma universidade fora do país. Este *coachee* desde criança apresentava certa inquietação no seu modo de ser. Seus pais, percebendo esta característica, buscaram incentivá-lo à prática de um esporte em que ele pudesse colocar toda sua vontade de agir. Assim sendo, colocaram-no para competir em corrida de kart e desde então tem obtido sucesso neste esporte.

Ciente de seu histórico, foi aplicada a Análise de Perfil *Extended* DISC®, constatando-se que este jovem assume um papel na equipe de "Planejador", predominantemente "SD", típico de pessoa prudente, mas que mantém os objetivos a atingir em mente, exigente e sistemático. Pensando que corrida de kart é um esporte de risco, como o perfil seria compatível? E, surpreendentemente, o jovem relatou que para vencer é preciso planejar desde o primeiro momento, quando é determinado o lugar da corrida, em cada ultrapassagem, todos os aspectos são planejados para que se possa vencer. A análise de perfil foi útil para validação das suas escolhas anteriores, tornando-o consciente de que em qualquer profissão que escolhesse seu perfil pessoal estaria presente na sua forma de atuação.

Comentários Finais

No momento atual é fato que há uma grande mudança acontecendo em todos os níveis e sistemas. Novas "eras tecnológicas" estão surgindo com frequência cada vez maior e para enfrentar esse maciço progresso é fundamental saber que há uma enorme mudança no conjunto de competências que as pessoas precisam ter ou desenvolver no intuito de atender uma demanda altamente qualificada do mercado de trabalho.

Usando o autoconhecimento como forma de fazer escolhas mais assertivas, a qualificação passa a ser inerente a todo esse processo, ativando a capacidade potencial que possuímos. Ao utilizarmos essas ferramentas conseguimos encontrar meios de despertar toda a força de nossa consciência, acelerando o ingresso para uma nova fase da evolução humana e social, revitalizando a nós mesmos e ao mundo em que vivemos.

REFERÊNCIAS BIBIOGRÁFICAS

DILTS, Robert B.; SMITH, Suzy; HALLBOM, Tim. Crenças: caminho para a saúde e bem-estar. São Paulo: Summus Editora, 1993.

Extended DISC® - Manual do Treinamento de Certificação, 2015.

Extended DISC® - Relatório de Estudante do GAAP - Análise Pessoal & Profissional, 2015.

Extended DISC® - Relatório de Validação, 2015.

HELLINGER, Bert. A Simetria oculta do amor: Por que o amor faz relacionamentos darem certo. São Paulo: Cultrix, 2006.

LAZSLO, Ervin. Macrotransição: o desafio para o terceiro milênio. São Paulo: Editora Axis Mundi, 2001.

TULKO, Tarthang. *Knowledge of freedom: time change.* Berkeley: Dharma Publishing, 1984.

Sites acessados em 30 de maio de 2016:

The Deloitte Millennial Survey, 2014 http://www.deloitte.com/millennialsurvey

http://www2.deloitte.com/pt/pt/pages/human-capital/articles/geracao-millennial.html

Perfil Comportamental e Sucesso em Vendas

Edgard Pitta de Almeida

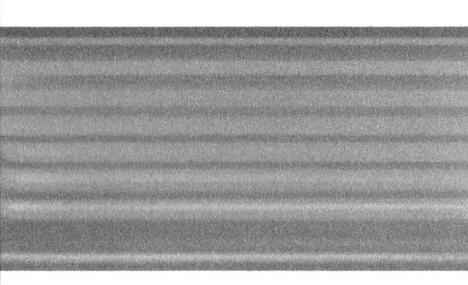

Edgard Pitta de Almeida

Coach especializado em gestão e transição de carreira, mestre em Administração pela Pontifícia Universidade Católica de São Paulo – PUC-SP, com pesquisa em desenvolvimento de carreira na maturidade; MBA em Gestão Internacional pela Thunderbird School of Global Management, Arizona-EUA; pós-graduado em Administração de Empresas pela FGV-SP e advogado, tendo atuado por mais de 15 anos no mercado financeiro em posições executivas no Brasil e no exterior. Também é professor de Marketing Digital na pós-graduação da ECA-USP e Istituto Europeo di Design, e cursos livres do SESC-SP.

(11) 5078-6017 / 99302-3347
edgard@acentauri.com.br
www.alfacentauricoaching.com.br

A capacidade de gerar negócios é uma das competências mais valorizadas atualmente em um profissional. Normalmente associada à área de Vendas, tem se tornado imprescindível não apenas aos profissionais da área comercial, mas também aos autônomos e empregados de muitos setores. Os profissionais liberais e demais prestadores de serviços só serão capazes de executar e cobrar por seus serviços se aprenderem a captar clientes, e para os empregados ou associados de empresas sem força de vendas organizada, como, por exemplo, escritórios de advocacia, consultoria e demais sociedades profissionais, a capacidade de atrair clientes e gerar negócios (os ditos *rainmakers*, ou fazedores de chuva) separa os que se tornarão sócios dos que não.

No entanto, ao contrário das demais competências técnicas, o sucesso em Vendas ainda é visto como uma habilidade meio esotérica, dependente de talentos natos e não acessíveis aos comuns dos mortais. Na cultura popular o vendedor é ao mesmo tempo admirado e odiado. Admirado porque é detentor desse dom quase divino de influenciar a vontade do outro; odiado porque nos "empurra" o que não queremos, quando não queremos, pelo preço que não podemos pagar...

A visão mais disseminada, portanto, ainda é a de que, se alguém não é capaz de vender geladeira para um esquimó (a definição mais comum para um vendedor de sucesso), é incapaz de vender qualquer coisa... Ditados populares como "Todo dia nasce um esperto e um otário. No dia em que eles se encontram, fazem negócio!" ajudam a reforçar a visão de que a venda é uma atividade em que uma parte ganha (o tal vendedor estereotipado) e a outra perde (o pobre do esquimó...). Logicamente, como não queremos ser nem o otário nem o espertinho, visões como essa atrapalham o desenvolvimento da competência comercial.

A verdade é que esta é uma competência técnica como qualquer outra: (i) depende de treinamento adequado e desenvolvimento constante; (ii) necessita do desenvolvimento de técnicas, como o entendimento do ciclo de vendas; (iii) e, por ser uma atividade de alta interação, requer por parte do vendedor autoconhecimento do seu perfil comportamental e identificação do perfil do seu interlocutor.

A prática traz a perfeição

Somos bons naquilo que praticamos e, infelizmente, a maioria de nós nunca tem treinamento ou experiência em vendas até que a necessidade se imponha. Temos então uma situação em que, na maioria dos casos, o desenvolvimento em vendas não acompanha o das demais competências, fazendo com que profissionais extremamente seniores tecnicamente sejam meros iniciantes na capacidade de gerar negócios.

Gladwell (2008) denomina *"Outliers"* ou "Fora de Série" os indivíduos que se destacam no meio da multidão, que são bem-sucedidos naquilo que fazem e atingem resultados notáveis em sua prática profissional. Entre as variáveis que levaram essas pessoas ao sucesso (como talento e contexto favorável), destaca-se o trabalho árduo: Gladwell propõe como paradigma que toda pessoa de sucesso investiu no mínimo 10 mil horas de prática ou estudo na área em que se consagrou. Fazendo as contas, dez mil horas equivalem a nada mais do que três horas por dia, ou 20 horas por semana de treino em um período de dez anos.

Quantos profissionais dedicam esse treino à prática de vendas?

Entendendo o Ciclo de Vendas

A venda é uma atividade complexa e que acontece numa sequência lógica de passos, denominada de ciclo de vendas ou funil de conversão. Embora cada mercado tenha sua própria dinâmica (e o primeiro passo é entender as especificidades de cada setor), existem eventos genéricos e válidos para todos os segmentos.

AIDA é o modelo mais simples para entender como acontece o ciclo de vendas, isto é, como se transforma um *prospect* em cliente. A venda é vista como uma sequência de etapas, cada uma com a sua finalidade, e o objetivo do vendedor é conduzir o *prospect* passo a passo até o final. É normalmente representado como um funil porque em cada etapa perde-se um percentual dos *prospects*.

AIDA é o acrônimo para os seguintes passos:

Atenção – O objetivo deste momento é atrair a atenção do *prospect*, fazendo com que este saiba da sua existência, de que você vende determinado produto ou presta determinado serviço e que ele (*prospect*) é público-alvo do seu negócio. Isso precisa ser comunicado claramente e é sua tarefa esclarecer como o potencial cliente poderá se beneficiar do seu negócio. Neste passo incluem-se as atividades de comunicação e construção de marca, por exemplo.

Interesse – Já sabendo da sua existência, agora é a hora de despertar o interesse do *prospect* para o seu negócio. É o momento de detalhar melhor seus produtos e serviços, bem como outros clientes maximizaram seus ganhos através da sua atuação, por exemplo. Comparando-se com uma loja, seria a função da vitrine, em que o potencial cliente tem um vislumbre do que você tem em oferta.

Desejo – Despertado o interesse, agora queremos que o potencial cliente deseje seus produtos ou serviços e queira adquiri-los. No exemplo da loja, seria quando o cliente entra e pede para experimentar um produto. O objetivo desta etapa é fazer com que o cliente solicite uma reunião ou uma proposta, por exemplo.

Ação – Por fim, é o momento de ajudar a levar o cliente para a ação desejada (a conversão do *prospect* em cliente): a compra de um produto ou a contratação de um serviço. É a hora da verdade e frequentemente requer ação rápida e de forma incisa. Muitas vezes é preciso conceder um desconto não planejado ou desmembrar o serviço em etapas para ganhar o negócio.

O entendimento de como ocorre o ciclo de vendas no seu setor ajudará o profissional a planejar a sua estratégia comercial e a definir as ações específicas para cada momento do funil.

O Perfil Comportamental e o Sucesso em Vendas

Apesar de ser uma competência técnica sujeita ao treinamento e desenvolvimento, a capacidade comercial diferencia-se das demais pelo fator comportamental. Em outras palavras, para obter sucesso em vendas é preciso entender o comportamento tanto do vendedor quanto do comprador e a metodologia DISC é uma excelente ferramenta no desenvolvimento dessa competência.

Em primeiro lugar, é necessário entender como cada indivíduo enfrentará facilidades e dificuldades no ciclo de vendas conforme o seu perfil comportamental. Tomando-se por referência o modelo DISC, indivíduos com alto I, que naturalmente são mais comunicativos e extrovertidos, terão mais facilidade no momento de Atenção. Mas, pelas características do seu próprio perfil, enfrentarão mais dificuldade nos passos seguintes, que requerem um maior detalhamento dos produtos e serviços, assim como atenção constante ao *prospect* e *follow-up* consistente, por exemplo.

Os indivíduos com alto C ou S, por sua natureza mais introvertida e ritmo de trabalho mais lento, enfrentarão maior dificuldade nas fases de Atenção e Ação, mas provavelmente terão excelente performance nas fases intermediárias de Interesse e Desejo, por serem capazes de manter um ritmo consistente de trabalho e serem mais atentos aos detalhes técnicos e necessidades do cliente.

Já os altos D podem ser excelentes na abertura de novos contatos (fase Atenção) e no fechamento do negócio (Ação), mas provavelmente não terão a paciência para o trabalho requerido nas fases intermediárias (Interesse e Desejo).

O desenvolvimento da competência comercial passa, portanto, não pela adoção de regras e técnicas genéricas ou pela imitação de estereótipos idealizados, mas pelo entendimento de como o perfil comportamental de cada indivíduo torna determinadas fases do funil mais ou menos difíceis. Entendidas as dificuldades conforme o seu perfil comportamental, cada indivíduo faz a sua escolha, como, por exemplo, o desenvolvimento das habilidades necessárias àquela fase ou mesmo a delegação das atividades para outro profissional. Sempre há várias alternativas para ações efetivas em cada fase do funil. Indivíduos mais extrovertidos, por exemplo, podem adotar uma estratégia focada em relacionamento e *networking*, enquanto indivíduos mais introvertidos poderão focar na construção de reputação, através da publicação de artigos e participação em eventos.

Do ponto de vista organizacional, o mapeamento do perfil comportamental da equipe comercial pode ajudar os gestores de vendas a melhor alocarem os profissionais de acordo com a Estratégia Comercial da empresa ou das características do seu setor. As metáforas de Caçador e Fazendeiro ajudam a entender as diferenças entre os perfis. O vendedor Caçador é mais eficiente na prospecção e reconhecido pela facilidade que tem em fechar vendas; sempre encontra novas oportunidades, gosta de trabalhar de forma independente e é bastante cativante com seus clientes. Já o vendedor Fazendeiro é mais eficiente no cultivo de relações de longo prazo, é leal, atencioso e comprometido com as necessidades do cliente. É perseverante, resiliente e excelente em contornar condições adversas em uma negociação.

Indivíduos com alto D ou I, por seu perfil mais Caçador, são ideais para estratégias que envolvam abertura de mercados, busca de novos negócios ou clientes, situações que envolvam altos riscos e fechamentos de transações mais difíceis. Já os altos C ou S, por seu perfil mais Fazendeiro, apresentarão maior aderência a estratégias de manutenção de relacionamento de longo prazo com clientes, aumento de vendas para a base já existente, vendas que requeiram maior detalhamento técnico e situações de risco mais baixo.

Vemos, portanto, que a análise do perfil comportamental da equipe é crucial tanto para o desenvolvimento individual de cada profissional, que terá claros seus pontos fortes e de desenvolvimento, assim como para os gestores, que disporão de uma ferramenta para melhor alocação da equipe.

Da mesma forma que o entendimento do seu próprio perfil comportamental é crucial para alcançar o sucesso em vendas, a identificação do perfil do interlocutor separa os vendedores bons dos excelentes. A adoção de comportamentos mais adequados a cada perfil facilitará a comunicação e a interação e levará a um melhor relacionamento com o *prospect*.

Interlocutores com alto D buscam pelas especificações desejadas nos produtos e serviços e a confiança no vendedor é secundária. Terão preferência por uma comunicação mais direta e focada em resultados; são mais rápidos e não apreciam excesso de detalhes. O vendedor deve evitar falar e detalhar demais, perder o foco e levar as questões para o âmbito pessoal.

Já os altos C, embora também focados em resultados, irão apreciar uma comunicação em ritmo mais lento, focada em fatos e dados e com maior detalhamento técnico. O vendedor não deve mover-se rápido demais, gastar muito tempo com conversas e esperar ações imediatas.

Altos I e S compram pela confiança no vendedor e só depois verificam as especificações técnicas. Os altos I apreciam a socialização, "quem conhece quem", relações amistosas e situações em que haja entusiasmo. O vendedor deve evitar ser pessimista, aprofundar-se em detalhes (principalmente os negativos) e ser prático demais.

Já os altos S terão preferência por um ritmo mais lento, tempo para discussão e demonstração dos benefícios das soluções. O vendedor também não deve mover-se rápido demais, fazer mudanças inesperadas e deixar de ser confiável.

Conclusão

A competência comercial, como qualquer outra, é desenvolvida através de treinamento e prática, e com a compreensão de como se constitui o ciclo de vendas de cada setor.

Mas, ao contrário de outras competências, que são independentes das características comportamentais dos envolvidos, o sucesso em Vendas depende do entendimento das necessidades e emoções em jogo. O vendedor de sucesso conhece o seu perfil comportamental, que utiliza para a potencialização de seus pontos fortes e desenvolvimento dos pontos de atenção, e é capaz de adaptar-se ao perfil do seu *prospect* para uma melhor interação.

É através da conexão com nossas motivações (nosso "Vendedor Interior") e do desenvolvimento de comportamentos compatíveis com o nosso perfil comportamental que podemos desenvolver nossas próprias estratégias para alcançar a excelência comercial, tornando-nos assim "Vendedores Fora de Série".

REFERÊNCIAS BIBLIOGRÁFICAS
GLADWELL, M. Fora de Série – *Outliers*. 1ª Ed. Sextante. 2008.
Extended DISC®. Análise Pessoal & Comercial - Individual. 2016.
Extended DISC®. Análise Pessoal & Comercial - Equipe. 2016.
FLEMING, J. A. *The Reluctant Rainmaker: A Guide for Lawyers who Hate Selling*. Crow Creek Press, a Division of Life at the Bar LLC. Second edition. 2014.
MERRIL, D. W.; REID, R. H. *Personal Styles & Effective Performance*. CRC Press LLC. 1999.

Coaching & Análise de Perfil

Perguntas Poderosas e Perfil Comportamental

9

Fabiane Carvalhais Regis

FABIANE CARVALHAIS REGIS

Psicóloga com mestrado em Neurociências pela USP. Especialista em Neuropsicologia. MBA em Recursos Humanos. *Practitioner* em Programação Neurolinguística. *Coach* pela Sociedade Brasileira de *Coaching*. Certificada em Análise de Perfil Pessoal e de Equipes pela *Extended* DISC®. Experiência profissional de 20 anos na área hospitalar, há oito anos atuando como facilitadora de treinamentos comportamentais e Programas de Liderança. Instrutora em Simulação Realística, experiência na construção de cenários e *debriefing* comportamental e liderança. Docente de pós-graduação. Consultora e sócia-diretora da Interação Treinamento e Desenvolvimento de Pessoas.

(11) 99990-1412
contato@interacaotd.com.br
fabianecregis@gmail.com
www.interacaotd.com.br

> "Se você falar com um homem numa linguagem que ele compreende, isso entra na cabeça dele. Se você falar com ele em sua própria linguagem, você atinge seu coração."
>
> (Nelson Mandela)

A arte de fazer perguntas é inerente ao trabalho do *Coach*. São perguntas bem elaboradas que permitem ao nosso cérebro buscar alternativas. Uma afirmação paralisa a atividade investigativa da mente.

Para fazer boas perguntas é fundamental desenvolver a comunicação, compreender como realizamos a comunicação intrapessoal e interpessoal, ou seja, a forma como você se comunica com você mesmo e com as outras pessoas.

É preciso destacar que nos comunicamos por meio de palavras (verbal) e também por meio de gestos, posturas, tom de voz (não verbal). Ambas as formas de comunicação, palavras e não verbal, têm forte impacto nos resultados que alcançamos. Algo simples, como mudar as palavras que frequentemente utilizamos, pode causar uma diferença na experiência de vida e nas relações interpessoais. Uma comunicação eficaz é um diferencial que potencializa e alavanca os resultados na vida pessoal e profissional.

De acordo com MARQUES (2012, p.142), "a comunicação é uma prática consciente, no sentido de prover de uma atividade cortical", contudo, o autor destaca que é preciso atentar-se ao grau de consciência sobre a forma de comunicação e neste aspecto ressalta que "somente quando o indivíduo adquire consciência dos efeitos de uma comunicação inadequada é possível a pessoa se dispor a modificar sua forma de comunicação".

Aprimorar o processo de comunicação implica ter consciência da forma como nos comunicamos, ou seja, da clareza, do tom de voz, da posição corporal, das microexpressões faciais, dos gestos que podem enfatizar, ser congruentes ou não ao que falamos. E aqui cabe ressaltar que informar não é comunicar. Comunicar pressupõe que existe um outro e que há o objetivo de ser compreendido por este outro, logo, comunicar implica também ser compreendido por outra pessoa.

Ser compreendido pressupõe o estabelecimento de *rapport* e empatia. Estas duas condições quando presentes na interação humana promovem uma sensação de confiança.

O *rapport* pode ser estabelecido de diversos modos, um deles é o espelhamento do comportamento. Espelhar é simplesmente manifestar-se como a outra pessoa se manifesta. É possível espelhar uma pessoa no tom, ritmo e frequência da fala, na respiração, na postura e gestos corporais, no uso de palavras comuns aos sistemas representativos visual, auditivo e cinestésico. O espelhamento com sutileza e elegância permitirá ajustar o comportamento ao modelo de mundo da outra pessoa e isto facilita o processo de comunicação.

De acordo com ROBBINS (2012, p.227), "a espelhagem simplesmente cria uma igualdade de fisiologia que salienta nossa humanidade compartilhada. Quando estou espelhando, posso conseguir os benefícios das sensações, experiências e pensamentos de outra pessoa. É uma poderosa, bonita e fortalecedora lição para se aprender por experiência, sobre como compartilhar o mundo com outros seres humanos".

Estabelecer empatia para gerar uma sensação agradável e de confiança é necessário para uma comunicação que se pretende eficaz. GOLEMAN (2014, p.104) comenta que "a empatia depende de um esforço de atenção: entrar em sintonia com os sentimentos de alguém exige que assimilemos os sinais faciais, vocais e outros indícios de suas emoções".

Captar as pistas sutis da emoção de outra pessoa, notar, sintonizar, perceber sua real necessidade, ter um foco compartilhado, dedicar alguns instantes e prestar atenção são ingredientes fundamentais para propiciar a sincronia inconsciente percebida numa relação empática.

Logo, é preciso ter a sensibilidade para estabelecer uma relação com o outro e compreendê-lo sob a perspectiva dele para se comunicar de um modo único e singular, esta é a melhor forma de se obter uma comunicação eficaz.

Richard Bandler e John Grinder em 1975 publicaram o primeiro livro de Programação Neurolinguística, trazendo vários conceitos importantes e um deles é o metamodelo de linguagem. Partindo do pressuposto de que o cérebro trabalha através de perguntas, o metamodelo de linguagem tem a função de ampliar as possibilidades de escolhas do cérebro. O metamodelo direciona a nossa atenção para o processo de comunicação buscando identificar generalizações, omissões e distorções que permeiam a linguagem. Deste modo, o metamodelo auxilia a fazer perguntas para obter respostas específicas e com a melhor qualidade possível de informações, para alcançar uma melhor representação da experiência de uma pessoa.

De acordo com ROBBINS (2011, p.220), pensar implica fazer e responder perguntas, e, ainda segundo o autor, "todo o método socrático (um meio de ensinar que remonta ao antigo filósofo grego Sócrates) baseia-se no mestre se limitando a fazer perguntas, orientando o foco dos discípulos, e levando-os a encontrarem suas próprias respostas".

Ainda conforme ROBBINS (2011, p.235), as perguntas podem realizar três coisas específicas: mudar o que focalizamos e, em consequência, como sentimos; mudar o que suprimimos e mudar os recursos à nossa disposição. Deste modo, focar em perguntas fortalecedoras proporcionará mudar nosso estado emocional, encontrar possibilidades e nos dará acesso a recursos que nem sabíamos que tínhamos disponíveis se não fossem as perguntas. Como diz o autor, "a vida não passa de um jogo em que todas as respostas existem... você só precisa encontrar as perguntas certas para vencer".

E será que qualquer pergunta, ainda que poderosa e fortalecedora, serve para qualquer pessoa?

Cada um de nós tem um jeito de funcionar, uma dinâmica, um modo de se relacionar conosco e com os outros. Compreender, identificar, respeitar e se comunicar de acordo com o perfil comportamental de cada pessoa torna o processo de comunicação ainda mais poderoso.

Em 1921, o psicólogo Carl Gustav Jung publicou o livro "Tipos Psicológicos". Neste livro reconhece que existem padrões previsíveis e diferenciados do comportamento das pessoas. Essas ideias de Jung serviram de base para William Moulton Marston desenvolver a teoria DISC, que observa estilos de comportamento por meio de quatro categorias de respostas: Dominância, Influência, eStabilidade e Conformidade. Embora os estilos comportamentais sejam divididos em quatro principais, cada pessoa tem uma mistura de estilos predominando em maior ou menor grau, sendo demonstrado em seu comportamento natural no cotidiano e que é frequentemente exibido nas suas relações.

Logo, a forma como cada pessoa se comunica e o modo como interpreta a comunicação pode sofrer a influência do seu estilo comportamental predominante. Buscar ajustar a forma de comunicação para se adequar ao modo preferencial da outra pessoa é essencial para se comunicar de modo eficaz.

Assim, ao comunicar-se com pessoas cujo estilo predominante é Dominância, seja direto, rápido e objetivo, ressalte os resultados, mostre oportunidades e desafios, faça uma abordagem mais lógica. Faça perguntas mais amplas: "Qual a solução? Que ajuda seria útil? Se existisse uma oportunidade nessa situação, qual seria? Quais são as consequências ao realizar esse objetivo? Você poderia se ver fazendo outra coisa?"

Ao comunicar-se com pessoas de estilo Influência é preciso deixar que falem e dar tempo para se socializarem, demonstrar entusiasmo, pedir opinião e ouvir, perguntar como se sentem e apontar sua importância. Comece perguntando pela pessoa, depois sobre os outros: "Como você gostaria de fazer isso? Quem quer envolver? O que você vê agora, e que você não via antes? Como você pode assumir o controle da situação? O que você pode fazer para minimizar as influências externas na realização de seus objetivos?"

Ao comunicar-se com pessoas de estilo eStabilidade é preciso ser paciente, investir na construção de confiança, usar uma sequência lógica, demonstrar os benefícios das soluções, convidar a pessoa para trazer ideias. Comece perguntando sobre os outros e depois sobre ela: "Como a equipe está lidando com o projeto? Quem precisa de ajuda? Se a solução dependesse apenas de você, o que você faria? O que você faria melhor se pudesse mudar algo em sua vida? Se alguém lhe sugerisse uma nova opção, qual seria?"

Ao comunicar-se com pessoas de estilo Conformidade use fatos e dados, mantenha-se focado, seja paciente no ritmo, foque na qualidade. Comece fazendo perguntas específicas e depois continue sobre questões mais gerais: "Quais procedimentos você utiliza para este projeto? Como melhorar a qualidade deste trabalho? O que você não está fazendo e que, se fizesse, o ajudaria a atingir os seus objetivos? Se fosse possível interpretar os fatos de outra forma, qual seria esta interpretação? O que você pode fazer para chegar mais depressa ao resultado?"

O processo de *Coaching* se realiza por meio da conversação, do diálogo entre o *Coach* e o *coachee*, logo, estar disposto a ouvir, reconhecer o outro como um indivíduo singular, com sua história, com seus medos, com suas convicções, suas crenças, respeitando seu ponto de vista e suspendendo o julgamento, são atitudes inerentes ao *Coach*. As respostas que receberá dependerão das perguntas que está disposto a fazer.

Compreender o estilo de comportamento do *coachee* e utilizar as perguntas poderosas pertinentes a cada perfil permite aumentar a produtividade no processo de *Coaching*, auxiliando o *coachee* na projeção de seu futuro desejado. Aqui cabe considerar que não é apenas o que se pergunta num processo de *Coaching*, mas também 'como' se comunica, 'como' a pergunta é realizada.

Manter uma escuta ativa e foco durante toda a conversação permitirá ao *Coach* engajar-se e estar totalmente presente no instante exato do encontro com o *coachee*. Escutar ativamente pressupõe entender os sentimentos e as perspectivas do *coachee* sem julgar, criticar ou culpar. Implica fazer perguntas abertas, estimular a reflexão e emitir resumos do que foi falado.

Fazer a pergunta certa e do modo certo, respeitando o referencial do *coachee*, é que permitirá que ele encontre as respostas que procura e precisa para sua transformação e desenvolvimento.

As perguntas são denominadas de poderosas porque ampliam as possibilidades de escolhas, mudam o estado emocional, encorajam para a ação, comprometimento e mudança. As perguntas têm o poder de mudar e direcionar o foco de atenção do *coachee*, permitindo a ele vislumbrar novos cenários, convertendo dificuldades e limitações em forças propulsoras.

De acordo com os autores VOGT, BROWN e ISAACS (2003, p.4), "as perguntas poderosas podem melhorar dramaticamente a qualidade do *insight*, da inovação e da ação em nossas organizações, em nossas comunidades e em nossas vidas".

Uma pergunta poderosa chama o *coachee* para assumir a responsabilidade de agir e buscar soluções concretas, o encoraja para entrar em ação, superar bloqueios, desafiar crenças limitantes, descobrir novos caminhos, gerar reflexões mais profundas e *insights*.

Mais do que procurar uma resposta convincente, cabe ao *Coach* elaborar uma pergunta poderosa, que tem o poder de curar, de emocionar, de oferecer esperança, de fortalecer e mobilizar a vontade de assumir a responsabilidade pela dádiva da vida, pelas escolhas feitas, pelos resultados alcançados e pela possibilidade de mudança.

Quando a pergunta é relevante, clara, objetiva, foca no aspecto crucial de uma situação, convida o *coachee* a entrar em ação e acessar conhecimentos ou habilidades que ainda não haviam sido despertados, então, a pergunta é poderosa.

Ao formular uma pergunta podemos aprender algo novo, mobilizar um novo estado emocional, ter reflexões significativas e encontrar soluções criativas. A pergunta bem formulada tem o poder de revisitar as convicções do *coachee* e pode criar *insights*, revelar e desvendar para o *coachee* um mundo inexplorado de possibilidades onde ele se encontrava imerso em pressuposições limitantes.

Ao compreender os perfis comportamentais, adequando a comunicação à "linguagem" apropriada ao *coachee*, e elaborando perguntas poderosas, o *Coach* o conduzirá a um novo patamar.

REFERÊNCIAS BIBLIOGRÁFICAS

GOLEMAN, Daniel. Foco: a atenção e seu papel fundamental para o sucesso. Tradução Cássia Zanon. 1ª. ed. Rio de Janeiro: Objetiva, 2014.

MARQUES, José Roberto. *Leader Coach – Coaching* como filosofia de liderança. São Paulo: Editora Ser Mais, 2012.

RICHARD Bandler; GRINDER, John. A Estrutura da Magia. Tradução de Raul Bezerra Pedreira Filho. Rio de Janeiro: Zahar, 1977.

ROBBINS, Anthony. Desperte seu Gigante interior. Tradução: Haroldo Neto e Pinheiro de Lemos. 21ª. ed. Rio de Janeiro: BestSeller, 2011.

ROBBINS, Anthony. Poder sem limites: o caminho do sucesso pessoal pela programação neurolinguística. Tradução: Muriel Alves Brazil. 14ª. ed. Rio de Janeiro: BestSeller, 2012.

VOGT, Eric.E.; BROWN, Juanita.; ISAACS, David. *The art of powerful questions: catalyzing insight, innovation, and action.* Mill Valley: Whole Systems Associates, 2003.

Manual do Treinamento de Certificação *Extended* DISC® – 2016

Guia de Leitura do Relatório de Análise Pessoal *Extended* DISC®

10

Processo de *Coaching* e Perfil Pessoal

Fernando Lm Moura

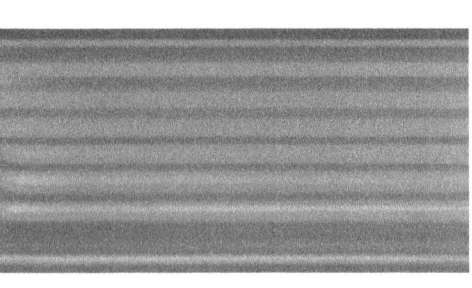

FERNANDO LM MOURA

Administrador de Empresas pela Unifei. Pós-graduado em Administração de Produção com mais de 20 anos de atuação em grandes empresas nacionais e multinacionais. *Master Practitioner* em PNL, certificação internacional pelo Instituto Holos em *Coaching, Mentoring & Holomentoring*. Certificação em Análise de Perfil Pessoal e de Equipes pela *Extended* DISC®. *Coach* desde 2008, com foco nas áreas de carreira, pessoal e finanças. Consultor financeiro com foco em investimentos para pessoas físicas. Ocupa atualmente a diretoria de *network* do Instituto de Tecnologia de São Caetano do Sul (ITESCS). Sócio-fundador da Twice – Projetos e Treinamento. Ministra treinamentos e palestras sobre Educação Financeira, Análise de Perfil e *Strategic Sourcing*.

(11) 98090-0109
fmouracoach.com.br
fernando@fmouracoach.com.br
fernando.moura@lifecoaching.com.br

> "A verdadeira viagem do descobrimento não está em buscar novos panoramas, mas em enxergar com novos olhos." (Marcel Proust)

Com este trabalho, quero alcançar a todos que buscam uma metodologia de trabalho para aplicar em seus clientes e colaboradores, ou seja, *Coaches* profissionais, empresários, profissionais de Recursos Humanos, bem como aqueles que estão buscando uma ferramenta eficiente para seu desenvolvimento. Além de questionar a clássica divisão entre vida pessoal e vida profissional. Essa divisão costuma colocar muitas pessoas em um dilema aparentemente insolúvel, no qual o trabalho é a fonte de renda, fruto de uma escolha já feita, sem possibilidade de modificação e em que têm de suportar tudo pelo bem de sua subsistência. Do outro lado, os hobbies ou a família são fontes de alegria, prazer e satisfação, e para garantir tal satisfação o preço a pagar já está definido e assim deve permanecer.

Ao associar a metodologia do *Coaching* com o estudo do Perfil Pessoal, identifiquei de maneira imediata muito mais do que aquilo que nos acostumamos a chamar de ferramentas. A palavra mais adequada seria complementaridade, pois dá apoio e subsídio ao trabalho do *Coach*. Utilizando a análise de Perfil Pessoal, pude atuar de maneira mais próxima e personalizada nos atendimentos individuais, nos quais o cliente toma conhecimento de forma estruturada de potencialidades e áreas de desenvolvimento de que até então não tinha ideia, ou, quando muito, possuía uma noção que ele mesmo interpretava como mera intuição ou esperança.

O *Coaching* entrou efetivamente não só no vocabulário das empresas, mas também na mente de colaboradores, profissionais liberais, empreendedores e estudantes, que buscam algo além das métricas tradicionais e desejam performance mais que resultado.

Sob esta visão, *Coaching* é um comprometimento com a pessoa ou grupo de pessoas com o qual se está trabalhando. É em essência o que chamamos de empowerment: dar poder para que o outro adquira competências, produza mudanças específicas nas diversas áreas da vida e, porque não, transformar a si mesmo. É em essência uma relação de assessoramento entre um executivo, um estudante, um profissional liberal ou um desportista, em que cada um destes personagens possui responsabilidades específicas e pertinentes à sua área de atuação e o profissional de *Coaching*, que utiliza práticas comportamentais ou não e auxilia seu cliente a atingir metas por ele estipuladas ou colabora para que exista um plano de ação estruturado para atingi-las.

O Perfil Comportamental e a Teoria DISC tomaram forma a partir do trabalho de Willian Moulton Marston, que é uma das bases de construção da Análise de Perfil *Extended* DISC®. E como surgiu a ideia de juntar as duas metodologias? Mais que uma ideia, uma necessidade, pois boa parte daqueles que atuam na área de *Coaching*, independentemente de estarem focados em *Coaching* de Carreira, Pessoal, Executivo, Liderança ou Performance, sentiram em algum momento não apenas a falta, mas a necessidade de uma forma rápida e eficiente de identificar no *coachee*, ou cliente que está ali passando pelo processo, algo além do relato de objetivos, metas e desejos que ele manifesta querer realizar ou atingir.

Muitas vezes iniciamos nosso trabalho como *Coaches* e nos deparamos com os sonhos, desejos, projetos e porque não dizer dores do *coachee* que busca o nosso trabalho. Uso a palavra dores, sem nenhuma conotação de "tragédia" ou "extremo sofrimento", mas por vezes me deparei com pessoas que já vinham buscando mudanças, trabalhando aquilo que entendiam como fatores limitantes, buscando conhecimentos que julgam necessários para atingir determinado patamar, mas não conseguiam avançar com seus objetivos. Desta forma, no início do nosso trabalho, quando essas pessoas relatam, além daquilo que buscam, o esforço que já vêm fazendo e ainda não viram resultado, identifico na análise de perfil uma metodologia complementar ao trabalho do *Coach*.

Aqui existe uma etapa de extrema importância, que, no meu caso, representa o sucesso de trazer a análise de perfil para dentro do trabalho de *Coach*, chama-se Devolutiva. Nessa fase, dando o retorno ao *coachee*, analisando, checando o quanto ele se identifica e rejeita os pontos identificados no relatório, posso "calibrar" a avaliação. Uma vez que esta identificação é feita, o *Coach* pode, de maneira muito mais objetiva, auxiliá-lo a identificar o quanto se está próximo ou não daquele conjunto de objetivos e metas, se são factíveis dentro do intervalo de tempo esperado e quais são as etapas ou passos necessários para atingi-lo.

Essa identificação fará com que ele compreenda que o "chegar lá" depende de novos atributos pessoais ou técnicos que ele tenha de buscar e, o mais importante, qual ou quais atributos que já possui podem ajudá-lo nesta construção. Ressalto aqui que o verbo é realmente construir, pois para seguir a direção necessária ele terá de dominar e tomar posse de um novo quadrante, que por vezes naquele exato momento não possui ou sequer pensou em desenvolver. Neste instante a figura do *Coach* se faz muito importante, pois o *coachee* deve decidir percorrer o caminho da forma mais consciente possível, e por quê? Porque desta forma não será uma trajetória dolorosa, ou cheia de sofrimento. O aprendizado, os novos padrões, o caminho a ser percorrido, tudo faz parte de um objetivo muito maior no qual ele compreende os passos e movimentos que está realizando.

Ao utilizar o Perfil Pessoal, o *Coach* costuma deparar-se com questões e afirmações como: "Qual é o melhor perfil? Meu perfil atende minhas pretensões? Não tenho perfil adequado".

E a resposta invariavelmente é: não existe melhor ou pior, certo ou errado. Existe aquele que se adequa ao que está sendo exigido no momento, seja na carreira, processo seletivo, vida pessoal ou liderança.

O que existe é uma área ou conjunto de habilidades ou competências que podemos aceitar como "naturais", sem nenhuma conotação ou associação com algum "dom especial", é simplesmente uma área de livre trânsito onde um indivíduo se sai bem, sem nem mesmo se dar conta disso. Identificar as melhores habilidades e competências contidas em seu perfil, aprendendo como utilizá-las, direcionando para a aquisição ou desenvolvimento daquelas que o *coachee* identifica como fundamentais para atingir seus propósitos, é de grande valia, pois, mais que dar um norte, vai colocá-lo de saída mais próximo do objetivo.

Samuel Walton dizia que "os líderes são capazes de modificar seu estilo para melhorar suas equipes. Se as pessoas acreditam nelas mesmas, as realizações são impressionantes".

Além da Roda da Vida e da Roda das Competências

Falo destas duas ferramentas básicas da metodologia de *Coaching* para poder mais uma vez trazer o "Perfil Pessoal" para o nosso universo.

Durante nosso trabalho – independentemente de ser *Coach* de carreira, liderança ou pessoal ou até aqueles profissionais que atuam como mentores, na orientação e no compartilhamento de experiências e *know--how* - uma etapa intensa de exploração e levantamento de fatos, desejos e ideias é efetuada.

A roda da vida é apresentada e preenchida pelo *coachee* na primeira ou segunda sessão e a roda das competências logo a seguir. Aqui identifico um encaixe perfeito da "análise de perfil", ao se questionar quais competências ele julga necessárias ou a desenvolver para atingir determinado objetivo. O *coachee* após receber a devolutiva consegue identificar e enumerar estas competências. Recorrendo à figura do *Coach*, buscando uma expansão daquilo que identifica. Ou seja, ele já está com um nível de autoconhecimento diferenciado.

Ressalto este aspecto porque iniciamos nosso trabalho com base em questionamentos, instigando e estimulando o *coachee* a se expressar. A base inicial é feita sobre a percepção dele ou na forma de algum *feedback*, bem como em erros e acertos nas diferentes etapas de sua trajetória. Ou seja, ao introduzirmos o perfil colocamos uma nova base de informação.

Nas ferramentas iniciais temos a comunicação consciente, ouvimos e anotamos aquilo que o *coachee* quer nos transmitir e a forma como nos transmite. Já no perfil, ele responde a uma série de questões, sem certo ou errado, dificultamos uma resposta neutra, ou ele se identifica ou não. Esta nova base nos dá a possibilidade de cruzamento de informações, nos aproximamos cada vez mais daquele *coachee* ou colaborador. Formamos e elaboramos em conjunto uma imagem mais completa e nítida, o que ajuda a aperfeiçoar o processo, sermos mais produtivos e fazer com que o *coachee* colha os resultados do trabalho por um longo período de tempo.

Devemos lembrar sempre que nosso trabalho se caracteriza por ser breve, aqueles que chegam até nós buscam em um período pré-determinado identificar e traçar seus passos e ao associarmos o Perfil Pessoal à metodologia agregamos um diferencial ao trabalho do *Coach* e aos resultados obtidos pelo *coachee*.

Experiências Concretas

Quero compartilhar algumas situações, nas quais utilizei a análise de perfil como complemento ao trabalho de *Coach*. Identificarei apenas a área de atuação de cada um.

Caso I – Perfil do *coachee*: 50% Influência; 40% Estabilidade e 10% Dominância.

Atua na área de criação de uma grande empresa. Buscava no processo de *Coaching*: orientação e redirecionamento de carreira.

De início, em nossa primeira conversa, reportou uma visão pessoal bastante interessante, pois sua percepção era de uma pessoa extremamente detalhista, ligada a precisão, conformidade e detalhes. Após receber o relatório, comparar com as anotações e relatos iniciais, parti para o que considero a chave do sucesso no Perfil Pessoal. Reservei uma sessão para a devolutiva. E por que dar tanta relevância a esta etapa? Como relatado, a percepção dele estava pouco ou nada aderente ao relatório.

Durante a devolutiva, assimilou aspectos bastante importantes, em especial os 50% de seu perfil que está em uma área de relacionamento e pessoas, e que simplesmente não percebia de forma consciente. Relacionar-se era natural e ele interagia muito bem, além de trabalhar a criatividade de maneira extremamente natural. Os 40% do quadrante estabilidade foram assimilados de maneira mais rápida, pois relatou situações onde se identificava. Por exemplo, a ponderação sobre alternativas e necessidade de um espaço próprio em determinadas etapas tanto no trabalho como na vida pessoal. A pequena parcela de dominância, os 10% restantes, coincidia com o que identificava como o mais importante para o crescimento de sua carreira.

Acredito e dedico um espaço significativo à preparação e realização da devolutiva, contudo não espere que o *coachee* assimile tudo de uma vez, e isso é importante, pois dúvidas ou contestações devem ser trabalhadas, etapa por etapa, no decorrer de todo o processo. O mais interessante deste caso foi que, ao compreender sua principal habilidade, passou a utilizá-la de forma consciente, ou seja, buscando dentro do portfólio que possui bases para atingir o ponto que desejava desenvolver ou adquirir. Reportou sim dores e dificuldades, porém, dizia: "Acredito no que quero, vamos em frente".

Cinco meses após o final de nosso trabalho, contou que havia mudado de empresa e assumira uma posição em que desde o processo seletivo necessitou utilizar não só as habilidades recém-desenvolvidas, como aquela que ele simplesmente utilizava sem nunca ter identificado como relevante.

Caso II – Perfil do *coachee*: 50% Influência e 50% Estabilidade.

Empreendedor na área de comunicação, em busca de orientação pessoal e de carreira.

Este trabalho foi bastante interessante, pois logo após o primeiro contato, onde acertamos a base do trabalho, enviei o link para a realização do teste e na primeira sessão propriamente focamos na Roda da Vida e nas percepções e busca de objetivos, uma vez que ele estava bastante confuso com uma série de eventos. Ele identificou-se como uma pessoa muito ligada em processos, um conservador em diferentes aspectos e pouco assertivo.

A devolutiva foi feita na terceira sessão, a preparação aqui se mostrou de extrema importância, pois ocorreu uma identificação imediata com os 50% de Estabilidade e uma rejeição com igual força e intensidade dos 50% Influência. Frase dita por ele: "Não pode ser, eu não falo, não me comunico. Como pode?" Além disso, como prosseguir se a característica de assertividade à qual ele dá grande importância não se faz presente em seu perfil?

Nas duas sessões seguintes pactuamos um desafio: ele deveria mensurar e reconectar-se com sua rede de amigos, contatos, sócios e parceiros, independente de quanto tempo este contato não era feito. Ele, embora com dúvidas e acreditando que esta habilidade não tinha conexão com ele, ficou sem resposta a uma simples pergunta: "Se você não se relaciona, como iniciou seu próprio negócio exatamente na área de comunicação?" E sem meias-palavras ele disse "entendi, vou buscar minhas raízes". Sei dizer que daí em diante não só retomou antigos contatos e amigos, como começou a entender que possuía esta habilidade de forma natural e em algum momento deixou de utilizar.

Quanto à assertividade, compreendeu que, mesmo estando pouco à vontade, teria de se desenvolver de algum modo e que comportamentos e habilidades que possui poderiam sustentar esta e outras etapas de desenvolvimento. Este processo de *Coaching* foi concluído, sua empresa continua aberta, foi chamado para um projeto em veículo de mídia, onde tem função de destaque, e tem outros projetos e contatos em andamento.

Concluindo, hoje trabalho com o perfil comportamental, totalmente integrado à metodologia do *Coaching*, mais que metas, objetivos ou momentos de avaliação e decisão, a verdadeira busca é o autoconhecimento. Citando o filósofo grego Sócrates: "Conhece-te a ti mesmo e conhecerás o universo e os deuses".

REFERÊNCIAS BIBLIOGRÁFICAS

GALLWEY, W. Timothy. The Inner Game - A Essência do Jogo Interior. São Paulo: Newbook, 2013.

O'CONNOR, Joseph & SEYMOUR, John. Introdução à Programação Neurolinguística. São Paulo: Summus, 1995.

WHITMORE, John. *Coaching* para performance: aprimorando pessoas, desempenhos e resultados: competências pessoais para profissionais. Rio de Janeiro: Qualitymark, 2006.

COACHING & ANÁLISE DE PERFIL

COMO DESENVOLVER O PERFIL PROCURADO PELAS ORGANIZAÇÕES?

IRENE AZEVEDO

IRENE AZEVEDO

Credenciada pela ICF *(International Coach Federation)* como ACC - *Associate Certified Coach,* com certificação em *Coaching* pelo La Hupe Institute – IBM, Bélgica, pela Lee Hecht Harrison, pelo Instituto EcoSocial e pelo Integral *Coaching* of Canada *(Foundation and Apprenticeship)*. Além de especialização em Operações de Manufatura pela FGV-SP (PEC) e graduação em Administração de Empresas pela Universidade Federal do Estado do Rio de Janeiro (Uferj). Diretora de Transição de Carreira e Gestão da Mudança para Brasil e América Latina, *Coach* e consultora sênior de Carreira da LHH - Lee Hecht Harrison. Como executiva, atuou nas empresas IBM, Ticket e KPMG. É professora de liderança BBS Escola de Negócios no Brasil e em Angola.

(11) 98415-5121
ifazevedo@globo.com

Com certeza todas as mudanças que estamos assistindo no mundo, nas organizações e nos indivíduos são oriundas da globalização. Temos um mundo que agora está totalmente interconectado, atuando como um caleidoscópio: se uma peça se move, a figura se altera, adquirindo nova forma. As empresas, para atenderem este contexto, começaram a se estruturar matricialmente, ocasionando uma transformação na forma de pensar e agir dos indivíduos. Hoje, por exemplo, alguns profissionais passaram a ter mais de dois chefes.

Conclusão: a globalização gerou mudanças organizacionais que acarretaram transformações individuais, afetando assim os perfis de liderança. Com certeza, o novo estilo de liderança se faz necessário para atender a esta estrutura interdependente vigente: uma liderança muito mais inspiradora, com alto poder de influência, mais flexível, consequentemente com maior adaptabilidade, elevado grau de agilidade e com muito foco no trabalho em equipe. Vocês pensarão: um super-homem ou uma supermulher? Vou mostrar a vocês que não. Embora haja, sim, a necessidade de poderes extras, mas que poderão ser aprimorados. Basta que se tenha força de vontade e se encontre a forma correta de fazê-lo. Mas veremos isto adiante.

O autoritarismo e/ou faça o que digo, ou mesmo, eu faço algo e ajo contrariamente ao que digo, não funcionarão de forma a produzir resultados consistentes.

Por outro lado, há muitos fatores convergentes para todos dentro das organizações, como:

1º. **Dados demográficos globais com amplas implicações:** várias gerações convivendo dentro da corporação, as mulheres massivamente no mercado de trabalho e grande diversidade. Todos vivenciarão este cenário;

2º. **A tecnologia continua a ser a principal habilitadora para a produtividade.** Não se sabe ainda, e com certeza este será um processo contínuo de incerteza, o que a tecnologia nos trará de inovação. A cada instante novas competências são requeridas;

3º. **Alto grau de agitação no ambiente dos negócios:** empresas são abertas, empresas são fechadas. Empregos são criados e eliminados. Trabalhadores vêm, trabalhadores se vão. Todos passarão por situações semelhantes em algum ponto de sua carreira.

Mas, apesar destas convergências, encontramos divergências significativas também:

- **O que os profissionais em geral buscam?** Desenvolvimento na carreira, fazer o que gosta, ter uma boa imagem no mercado, desafios constantes, qualidade de vida, salário e benefícios diferenciados.

- **O que as empresas buscam?** Orientação para resultados, construção de relacionamento, capacidade de percepção, de aprendizagem, de relações, trabalho em equipe, orientação para o cliente e comunicação.

É importante ressaltar que estas divergências, se não forem tratadas adequadamente, ocasionam um turnover elevado da população mais jovem. Ainda temos de levar em consideração que criaremos tantos empregos novos que os jovens ainda no ensino médio ou mesmo no início da universidade terão de reformular suas opções profissionais enquanto estudam e que isto será cada vez mais rápido.

Vocês devem estar se perguntando: o que permanece então?

A resposta é simples de ser dada, mas difícil de ser executada. Porque passará por comportamentos aperfeiçoados: orientação a resultado, trabalho em equipe, comunicação, flexibilidade, adaptabilidade, criatividade, construção de relacionamentos, capacidade de percepção, de aprendizagem e de construir parcerias, agilidade.

É nesta hora que a maioria dos profissionais desanima, porque mudança de comportamento é um processo com alguns estágios:

Consciência. Muitas vezes tem origem em um *feedback* recebido, mas que necessita ser reconhecido (**aceitação**), para então **desenvolver as habilidades requeridas**, seja através de treinamento ou de estudos. A **mudança de comportamento** ocorrerá, então, com a criação de uma nova abordagem, porém, apenas quando este comportamento se tornar natural, completamente incorporado à sua maneira de agir é que se chega ao **domínio**, último estágio.

Neste momento, um processo de *Coaching* é extremamente útil, pois ajuda na tomada de consciência através dos resultados dos assessments decorrentes do processo. Além de auxiliar na elaboração de um plano de ação bem como das medidas necessárias para desenvolver estas habilidades. Através do acompanhamento desse processo e de seus mecanismos, atinge-se o domínio, ou seja, este comportamento já incorporado à sua forma de agir.

Gostaria de ilustrar com um caso de como o processo de *Coaching* é fundamental na tomada de consciência. Recebi uma executiva que no estabelecimento das expectativas do processo, com ela e com seu chefe, havia como oportunidades de melhorias: **articulação matricial, *networking* e administração do tempo**. Esta era a expectativa inicial.

É importante ressaltar que muitas vezes se começa com uma expectativa, depois da ampliação do autoconhecimento e notadamente de *feedback* 360º ou as expectativas mudam, ou se confirmam. Mas, com certeza, alguns *insights* acontecem, ou seja, pode ocorrer que de repente apareça a causa para muitas destas oportunidades de melhoria. Todas essas alternativas podem ocorrer em um processo de *Coaching*.

Foi justamente o que aconteceu com essa executiva. Ela se sentia impotente para solucionar a situação. Após algumas atividades de autoavaliação, fez o exercício "Roda da Vida", e ela verificou que sua vida pessoal estava comprometida. Saía muito cedo de casa, pois morava longe do trabalho, gastava quase duas horas para chegar ao trabalho e mais duas horas para voltar à casa. Ficava, então, até tarde no trabalho para não pegar trânsito. O trabalho passou a ser seu único foco de atenção e estava criando um círculo vicioso. Cada vez se envolvia mais com o dia a dia de seus subordinados esquecendo-se de olhar em volta, de almoçar com pares e principalmente de olhar para sua rede de relacionamento fora e dentro da organização, bem como para sua família.

Esta consciência foi crescendo à medida que fazia alguns exercícios, porém o *insight* mesmo veio quando terminou o "Roda da Vida". Ela percebeu que não estava mais fazendo exercícios físicos, já que havia uma nota mínima à dimensão física da Roda da Vida. Durante a semana não via sua família e, até durante os finais de semana, ainda trazia coisas para fazer ou mesmo para revisar. Neste quesito a dimensão familiar também ganhou uma nota mínima. Durante a semana, mesmo durante o almoço quase não almoçava com nenhum par dentro da organização ou mesmo com ninguém de sua rede de relacionamento. A dimensão social também estava com uma pontuação igualmente baixa. O lazer, então, baixíssimo. Quando ela olhou para o gráfico das dimensões de sua vida, percebeu que estava em um círculo vicioso. Trabalhava muito, não cuidava de si, não se divertia e não estava perto da família. O resultado disso? Não fazia as alianças necessárias nem no trabalho, nem fora dele. Foi tão forte este impacto que ali mesmo tomou a decisão de mudar seu estilo de vida. A solução estava bem na sua frente, tornar seu tempo mais produtivo, privilegiando as diversas dimensões de sua vida: familiar, social, de lazer e física.

Neste caso, ela conseguiu um motorista só para pegá-la em casa cedo, desta forma ela iria trabalhando no carro durante o trajeto, verificando os e-mails pendentes do dia anterior e teria tempo de ver os filhos. No final da tarde também este mesmo profissional a pegaria, dando a ela a oportunidade de voltar trabalhando no carro ou mesmo de participar de reuniões por telefone, se necessário. Quando chegasse à casa, teria condições de ir a uma academia e se exercitar sem culpa e depois estar com a família.

A partir daí sua vida começou a mudar! Vem estabelecendo contatos com seus pares, tem tido tempo de aprimorar suas relações internas e externas e, obviamente, melhorando sua qualidade de vida e se tornando mais eficiente.

Acho importante neste momento de extremas mudanças por que passam as organizações e os profissionais mencionar a importância do *On-Board Coaching*. É um *Coaching* para acelerar a integração dos executivos em uma organização. A movimentação de profissionais está bastante ativa, devido aos constantes processos de fusões, aquisições e de reestruturações. Este processo de integração de profissionais é crucial para que se mantenha a produtividade mesmo em tempos de turbulências e para que as organizações possam acelerar seus resultados. Neste momento o processo de *Coaching* entra como o "facilitador" desta integração.

De novo dentro do processo, na geração de expectativa entre chefe, subordinado e *Coach*, o profissional consegue de uma forma clara entender o que se espera dele ou dela.

Pode-se incluir também uma conversa do *Coach* com os pares deste profissional para que eles possam dar sua visão do que se espera dele. Também, através de ferramentas de *assessment*, identificam-se que competências ou comportamentos precisarão ser desenvolvidos para melhor atingir resultados nesta nova organização.

O processo, então, ajuda a estabelecer o seu plano dos primeiros meses dentro de uma empresa, compreendendo assim mais facilmente a cultura da organização, identificando o que priorizar e quem o ajudará a chegar lá.

Estamos vivendo um momento de **vulnerabilidade, incerteza, complexidade** e **ambiguidade** dentro e fora das organizações.

Então, ter um auxílio externo para combater este cenário é quase fundamental para acelerar resultados dentro das organizações. Vamos analisar cada item deste cenário em que vivem os profissionais de nossa atualidade e como o processo de *Coaching* os ajudará:

• **Para a vulnerabilidade:** a ajuda na definição e comunicação de uma Visão da empresa que é ainda mais vital em tempos de turbulência;

• **Para a incerteza:** a ajuda para que pare, veja e analise suas áreas de expertise e as conecte continuamente com a Visão da organização;

• **Para a complexidade:** a ajuda para que se tenha uma ação deliberada de buscar e gerar sentido mesmo diante do caos;

• **Para a ambiguidade:** a ajuda para que se comunique com toda a organização e seja ágil na implementação de soluções.

O processo de *Coaching* pode, desta forma, atuar nas quatro dimensões, tornando mais simples as complexas relações dentro e fora das organizações, acelerando resultados e minimizando riscos. Isto porque ajudará o líder a focar em **engajar, gerir transições, garantir o desenvolvimento das pessoas e das organizações, garantir a eficácia do trabalho em grupo e garantir a eficácia da diversidade**. Estes são pontos fundamentais para a sobrevivência dentro deste ambiente de vulnerabilidade, incerteza, complexidade e ambiguidade.

Gostaria de focar na ambiguidade. Pois trata de agilidade. Uma vez que há necessidade de rapidez nas implementações de soluções e para isto será exigida a mudança de comportamento de acordo com a situação e também de estratégia de comunicação diferente e adequada a cada *stakeholder*.

Mudar seu estilo e adequá-lo ao seu interlocutor será fundamental, principalmente, quando este ou esta líder tem colaboradores. As pessoas se motivam por fatores distintos e da mesma forma se comunicam de forma distinta. Então, com este ambiente mais complexo, incerto, vulnerável e ambíguo, quanto mais claro for, o quanto proporcionar ambiente motivador adequado aos seus colaboradores, mais facilmente os engajará e consequentemente atingirá resultados.

Entretanto, esta é uma jornada que tem como estrada o autoconhecimento. Só quando este ou esta profissional se conhece consegue entender o outro, ter empatia e então adequar estilos de comunicação e dar a cada um o que necessita. Desta forma, se torna imbatível! Eu disse imbatível mesmo!

Deve-se conhecer bem qual ambiente o motiva e escolher no qual quer trabalhar. Todos devem identificar de forma correta nossos dons e como procurar adequar isto tudo ao novo ambiente de trabalho. Esta é a única fórmula para o sucesso. E repito a frase que mais gosto: fora do autoconhecimento não haverá salvação, nem para você, nem para a organização!

Um processo de *Coaching* pode ajudá-lo(a) a fazer muito por você!

REFERÊNCIAS BIBLIOGRÁFICAS

GOLEMAN, Daniel. *Leadership that gets results.* Harvard Business Review, 2014. https://hbr.org/2000/03/leadership-that-gets-results Acesso em 10 de maio de 2016.

KINSINGER, Paul & WALCH, Karen, Ph.D. *Living and Leading in a VUCA World.* http://www.thunderbird.edu/article/living-and-leading-vuca-world Acesso em 10 de maio de 2016.

LOMBARDO, Michael M. & EICHINGER, Robert W. *FYI: For Your Improvement, A Development and Coaching Guide.* Minneapolis: Lominger Ltd Inc., 2000.

MOLINARO, Vince. *The Leadership Contract.* New Jersey: Wiley & Sons, Inc., 2013.

WHEATLEY, Margareth J. Liderança e a Nova Ciência. São Paulo: Cultrix, 2014.

Life Design:
Carreira e Adaptabilidade

Lucilene Tofoli

Lucilene Tofoli

Credenciada pela ICF *(International Coach Federation)* como PCC *(Professional Certified Coach)*, com atuação em *Coaching* executivo e de carreira desde 2007, membro sócia-fundadora do Capítulo da ICF/SP. Mestranda em Psicologia pela USF, com especialização em Análise do Comportamento pela USP, pós-graduação de Gestão e Estratégia Empresarial pelo Instituto de Economia/Unicamp, formação de coordenação pela SBDG (Sociedade Brasileira de Dinâmica dos Grupos), certificação em Análise de Perfil Pessoal e de Equipes pela *Extended* DISC®. Consultora organizacional atuando em Gestão da Mudança, com foco em implementação de projetos e suporte à estruturação e mudanças organizacionais, Desenvolvimento Organizacional e de Liderança.

(19) 98189-1390 WhatsApp
lucitofoli@hotmail.com

O mundo do trabalho do século XXI tem provocado sentimentos de ansiedade e insegurança no momento em que as pessoas passam pela escolha de seus empregos, e também na construção de suas carreiras. Aquela organização estável com emprego seguro oferecido no século XX, que produzia uma percepção de uma base sólida para a construção de uma vida, com a previsão de um futuro, foi impactada pela revolução digital, também conhecida como a era do conhecimento, proporcionando um novo arranjo social do trabalho em que as atribuições temporárias e projetos de tempo limitado substituíram as posições estáveis. O *dejobbing*, forjado pela economia global, tem produzido o "trabalhador informal", que pode ser reconhecido como temporário, contingente, casual, contrato, freelance, *part-time* (tempo parcial), externo, atípico, adjunto, consultor e profissional autônomo. A transformação da força de trabalho, com seus postos permanentes para os periféricos com atribuições temporárias, tem afetado uma grande parte dos trabalhadores de forma global (SAVICKAS, 2012).

Durante o século XX, quando as pessoas ocupavam um posto de trabalho permanente, os trabalhadores podiam contar com as organizações para fornecer uma boa ideia sobre como suas vidas se desenrolaria. Hoje, as pessoas não anseiam mais trabalhar 30 anos numa mesma organização e desenvolver uma carreira dentro das fronteiras de um emprego ou até mesmo de uma mesma organização. Em vez disso, durante suas vidas podem esperar para ocupar ao menos dez postos de trabalho, mais propriamente chamados atribuições (SARATOGA INSTITUTE, 2000). O novo mercado de trabalho em uma economia instável chama as pessoas não como um compromisso de vida a um empregador, mas sim para estabelecer uma relação de venda/troca de serviços e competências de forma recorrente, para uma série de empregadores que precisam de projetos e/ou atividades realizadas. Nas observações das práticas de emprego contemporâneas, revela que a reorganização social do trabalho produziu um novo contrato psicológico entre as organizações e seus membros. Hoje as pessoas devem ser empregáveis, ao longo de sua vida se comprometem a uma organização por um período de tempo e mostram o seu caráter profissional na realização de trabalho adaptando-se rapidamente às mudanças. O novo contrato de empregabilidade levou gestão e estudiosos de recursos humanos a reconceitualizar o tema carreira, como um tópico sem fronteiras.

Com a frequente mudança de áreas de trabalho e mudanças de carreira torna-se um desafio para as pessoas definir o seu futuro e moldar as suas identidades profissionais. Ao entrar no mundo do trabalho de hoje, exige-se mais esforço, um profundo autoconhecimento e maior confiança do que nunca. As pessoas devem estar prontas para lidar com suas ocupações instáveis e as transições frequentes de trabalho. Com isso, tem sido cada vez mais comum a busca de suporte de *Coaches* e consultores com especialização na área de carreira, para apoio na conceitualização e significado deste momento.

Um Novo Paradigma

Tradicionalmente conhece-se a orientação profissional que repousa sobre uma abordagem de avaliação de traços fixos e tipos que podem ser objetivados com testes e depois combinados para ocupações estáveis que fornecem longo mandato. Em uma visão contemporânea, as ferramentas de autoconhecimento devem propiciar um mapeamento de competências pessoais e profissionais com níveis de flexibilidade de desenvolvimento ou mudança, estimular a reflexão sobre si próprio, e que possam criar um terreno fértil para intervenções alinhadas às necessidades de projeto de vida das pessoas na sociedade atual.

A intervenção de *Life Design*, formulada por Mark L. Savickas na Teoria de Construção de Carreira, apoia as pessoas a lidarem com a incerteza das transições ao longo de suas vidas, através da construção de uma narrativa biográfica que contém intenções e direcionamentos com os quais poderá guiar-se para escolhas. O paradigma de *Life Design* para orientação de carreira toma uma ampla perspectiva de direcionadores vocacionais e paradigmas de desenvolvimento de carreira. Sua esfera de ação está no curso e o conteúdo das estruturas de vida construído por estratégias e escolhas individuais.

Durante o curso de vida das pessoas, estruturação individual e o padrão de reestruturação de papéis são alterados de acordo com a relevância e importância de certos papéis em relação a outros que são desempenhados nos cenários de trabalho, amizade, intimidade, lazer e cidadania. Como centro, *Life Design* pede às pessoas para considerar reflexivamente as estratégias e estruturas do curso de suas vidas, como imaginam construir uma vida com papéis viáveis e gratificantes que interajam e que possam produzir bem-estar. Para o *Life Design* focar nos papéis de trabalho e continuar chamando de desenho de vida em suas intervenções, entende-se que é relevante, pois trabalho é uma parte da vida do indivíduo.

Life Design na Prática

A estrutura de intervenção de *Life Design* acontece através de construção da carreira a partir de pequenas histórias, desconstrução destas histórias e reconstrução delas em uma narrativa de identidade ou retrato de vida e a co-construção de intenções que irão direcionar as ações na vida real. Considerando cada elemento por sua vez.

Construção – Quando os indivíduos são de alguma forma movidos de suas histórias atuais, eles começam o processamento da narrativa de suas biografias. Algumas pessoas procuram aconselhamento para ajudá-las neste trabalho de identidade. Com esses clientes, as intervenções de *Life Design* começam por descrever tanto o incidente que lhes desloca do episódio atual em sua história e seus objetivos para um novo cenário que eles querem construir com o suporte de um profissional. Em seguida, pede-se aos clientes para fazer micronarrativas, ou contar pequenas histórias, que demonstrem como eles construíram a sua identidade e carreira. Centra-se na narração porque as histórias são ferramentas para a construção de identidades e carreiras fora das interações sociais complexas. Contar histórias faz com que percebam ações cristalizadas e tenham consciência sobre o que os clientes pensam de si mesmos. Ao comporem as suas histórias organizam eventos em suas vidas em uma sequência. Cada posição escolar e profissional que eles têm ocupado pode ser vista como uma história curta na novela de sua carreira. O papel do *Coach* é eliciá-los através de perguntas, não para encontrar respostas objetivas para propiciar reflexões. *Life Design* sugere questões simples que possam trazer exemplos concretos sobre questões abstratas, revelando papéis já desempenhados em situações de vida ou criando referências a partir de identificações realizadas, podendo desta forma favorecer um exemplo prático para a preparação de um próximo capítulo de história de vida profissional.

Desconstrução – Em alguns casos, histórias de clientes incluem expectativas dominantes ou ideias que podem suprimir alternativas de melhoria de vida. Deve-se pensar cuidadosamente sobre como as histórias de um cliente podem ser desconstruídas para revelar ideias autolimitantes, papéis confinantes e barreiras culturais, principalmente no que se refere aos significados e preconceitos. Quando histórias exigem a desconstrução, deve-se discutir com os clientes que história assumem, negligenciam, omitem, esquecem ou endereçam inadequadamente. A desconstrução procura desfazer a dominação crítica de uma história sobre o pensamento do cliente, não destruir a história. O objetivo é acessar diferentes significados e novos conhecimentos que abrem possibilidades e reiniciar iniciativas paralisadas. Depois de ter escutado atentamente a forma como um cliente constrói o seu ou a sua história de carreira, e talvez desconstruir algumas das suas ideias e incidentes, deve-se reconstruir as pequenas histórias em uma grande história.

Reconstrução – Seria o momento da revisão do entendimento do cliente em relação à transição ocupacional, ações de desenvolvimento e problemas na agenda de trabalho, assim como entender os objetivos que foram os direcionadores de carreira e de vida. Para um entendimento mais aprofundado, deve-se apoiar os clientes na reconstrução de um "retrato de vida", que se acumulou com os *insights* obtidos a partir das construções das histórias. O processo de narrativa de construções reúne micronarrativas sobre incidentes importantes, episódios recorrentes, figuras significativas, momentos de autodefinição, e experiências de mudança de vida. Ao trabalhar com as micronarrativas, reúnem-se ativamente os fios da história e tecê-las em uma tapeçaria para criar um senso unificado de individualidade, a narrativa de identidade. Assim, reconstroem-se experiências para fazer sentido e para sedimentar valores, atitudes e hábitos em uma grande história sobre a vida da pessoa, na qual se torna um personagem em um mundo que ela construiu. A narrativa de identidade confere uma história de vida em si como um ser social. Ele concede significado pessoal e demonstra os padrões e progresso em relação àquilo com que ela se importa na vida.

Co-construção – Tendo reconstruída uma narrativa de identidade de pequenas histórias, em seguida, apresenta-se ao cliente um rascunho de seu retrato de vida, incluindo a trama ocupacional, tema de carreira e seu estilo de atuação aprendido. Um primeiro objetivo em narrar o retrato de vida para os clientes é que eles considerem as histórias reconstruídas. Refletindo sobre o retrato de vida normalmente leva para o cliente editar a narrativa de identidade. Esta revisão envolve alterações que corrigem erros, ajustes que vêm a um acordo com os conflitos antigos e a liquidar contas e alterações que melhoram a autoestima e apoiam uma visão mais otimista da vida. Os clientes precisam modificar o retrato para torná-lo mais habitável e, em seguida, estendê-lo para o futuro. Os processos de revisão e elaboração são possibilidades abertas para reorganizar elementos da história. Cliente e *Coach* unem-se para criar abertamente uma mudança de significado com o qual vai enfrentar escolhas. A construção conjunta do retrato de vida busca incorporar o deslocamento atual, de uma forma que esclarece as prioridades, mobiliza tendência central, e aumenta a possibilidade de transformação e desenvolvimento. Favorece aos clientes acessar diferentes significados e conhecimentos que abrem novas possibilidades e reiniciar iniciativas paralisadas. Com novas perspectivas e vistas expandidas, os clientes podem reorganizar seu sistema de significado e esclarecer o que está em jogo no próximo episódio de sua história de carreira. Desta forma, os clientes estarão prontos para enfrentar os desafios e as perturbações usando enredo e tema para fornecer objetivos gerais, regras, ordem, segurança e valores. Tal autoclareza permite aos clientes fazer as intenções mais evidentes para si e, com esta clareza recém-descoberta, podem visualizar as próximas cenas e começar a agir.

Uma boa história sobre si mesmo incentiva os clientes a fazer transições de carreira, mantendo um conhecimento que é ainda mais vital e intencional. Uma narrativa de identidade revista permite aos indivíduos entender as incertezas da transição com confortos recordados do passado. As intervenções *Life Design* proporcionam ligações com o mundo que está à frente, promovendo a intenção e ação. Considerando o desenho da próxima cena, traz a experiência dos clientes para frente, a atividade começa fazendo com que os clientes vivam à frente de si mesmos. E a ação necessária é transformar intenções em comportamentos infundidos com significado. Ação prende inerentemente significado do passado e, ao mesmo tempo, carrega a pessoa para o futuro. Através da ação, expressões não verbais de decisões, os clientes envolvem-se com o mundo. A ação pede autorrealização, formação de identidade e construção de carreira.

Para concluir o processo, deve-se solicitar aos clientes a execução das metas que trouxe para o processo. Geralmente, termina-se com algumas frases que resumem o que ocorreu, consolidando a história co-construída e refletindo sobre como se relaciona a razão pela qual o cliente procurou o processo.

Como já foi dito anteriormente, o paradigma *Life Design* para a intervenção de carreira é implicitamente presente em vários casos específicos. Alguns métodos enfatizam mais da história passada, com foco na trama ocupacional, outros destacam o tema de carreira, e outros ainda se concentram na determinação de papéis assumidos.

Considerando a ideia central de que a vida serve o tema de carreira, também é importante considerar a forma como as pessoas mudam ao longo do tempo. Elas lutam e tentam superar o medo, limitação, bloqueio ou ferida. No devido tempo, superam a adversidade e transcendem suas falhas e se tornam algo mais do que eram. Desta forma, as pessoas usam o trabalho para se tornarem mais plenas e completas.

Conclusão

Enfim, *Life Design* é um modelo de intervenção de carreira que requer mudanças, no qual as pessoas tornam-se autores de seus projetos de vida. Sintetizando suas experiências, ações e objetivos em histórias de vida, estas, por sua vez, são construídas em torno do número de temas de vidas nos passos e modelam suas cenas futuras no que se refere a desenvolvimento e escolhas futuras.

Corroboro com as proposições de Mark L. Savickas, compartilhadas neste capítulo, e ressalto sua aderência e importância para cada indivíduo no seu protagonismo e escolha de carreira, levando-o à consciência das possíveis consequências para sua vida, tornando-o, assim, o autor ATIVO de sua história.

REFERÊNCIAS BIBLIOGRÁFICAS

AMBIEL, Rodolfo A. M. (2014). Adaptabilidade de Carreira: uma abordagem histórica de conceitos, modelos e teorias. Revista Brasileira de Orientação Profissional. Jan-Jun 2014, vol. 15, no. 1, 15-24. Recuperado de: http://pepsic.bvsalud.org/pdf/rbop/v15n1/04.pdf

NORA, Laura & ROSSIER, Jerome (2015). *Handbook of life Design: From Practice to theory and theory to practice.* Hogrefe Publishing, 2015

SAVICKAS, Mark L. (2012). *Life Design: A Paradigm for Career Intervention in the 21st Century.* American Counseling Association, Journal of Counseling & Development, January 2012, Volume 90. Recuperado de: http://onlinelibrary.wiley.com/doi/10.1111/j.1556-6676.2012.00002.x/abstract

SAVICKAS, Mark L. (2015). *Life Design Counseling Manual,* recuperado de: http://www.vocopher.com/

SAVICKAS, Mark L., NOTA L., ROSSIER, J., DAUWALDER, J.P., DAURTE, M.E., GUICHARD, J., VAN VIANEN, A.E. M. (2009) *Life designing: A paradigm for career construction in the 21st century.* Journal of Vocational Behavior, 75, 239-250. Doi:10.1016/j.jvb.2009.04.004.

Aplicações Práticas Alternativas em Experimentos de Desenvolvimento de Competências em Pessoas

Marcos Minoru Nakatsugawa

Marcos Minoru Nakatsugawa

Administrador de empresas e psicólogo formado pela USP, com pós-graduação lato sensu e especialização em Organização e Recursos Humanos pela Eaesp/FGV-SP. Profissional de Recursos Humanos com mais de 25 anos de experiência, como consultor e executivo de grandes empresas multinacionais e nacionais. Professor universitário de graduação e pós-graduação em Comunicação, Ética, Psicologia Organizacional e Recursos Humanos. Presidente, por quatro mandatos consecutivos, do CEAP-RH (Centro de Estudos Avançados de Profissionais de Recursos Humanos), grupo informal de executivos de RH mais antigo do País.

(11) 98486-1673
https://br.linkedin.com/in/marcosminorunakatsugawa

A primeira vez em que entrei em contato com a ferramenta DISC foi como avaliando. Em 2004, a operação da *Extended* DISC® iniciava suas atividades no Brasil e estava em busca de um profissional experiente da área de gestão de pessoas para ajudá-los na representação do produto no país. A história confirma que acabei seguindo outros rumos profissionais, mas aproveitei a oportunidade que se abrira, então, para me aprofundar no estudo dos conceitos e práticas desse importante recurso.

Ao mesmo tempo em que me certificava como especialista em Análise de Perfil Pessoal e de Equipes pela *Extended* DISC®, iniciava meus experimentos em seu uso, que serão precisamente objeto de minha exposição, neste capítulo.

O objetivo do capítulo não é ser extenso, ou entrar em detalhes metodológicos ou de resultados obtidos com o uso da ferramenta, mas sim propiciar, aos leitores, uma apreciação de como a curiosidade investigativa e a competência analítica, quando amparadas por recursos consistentes (como os derivados da teoria DISC), podem nos oferecer alternativas interessantes de pesquisa, de cunho não somente teórico, mas igualmente prático.

Estudos de GAPS de Perfil entre Demandas de Empresas e Ofertas de Candidatos a Programas de Estágio

Na época (2004), um de meus principais projetos, atuando então como consultor independente em processos de gestão de pessoas e tendo recém-iniciado minha carreira acadêmica, como docente em nível superior, foi pesquisar o gap entre o perfil desejado pelas empresas, especificamente de estagiários, e o perfil oferecido pelos discentes.

Participava ativamente do GCET – Grupo de Coordenadores de Estagiários e *Trainees* (grupo eminentemente formado por profissionais de gestão de pessoas especializados no gerenciamento de programas de estagiários e *trainees* em grandes e médias empresas, nacionais e multinacionais) e apliquei, numa amostra de responsáveis pela condução de processos seletivos de programas de estagiários, a ferramenta DISC, a fim de me apropriar da informação sobre o perfil-objetivo, em termos de competências, dessas empresas.

Do outro lado, o acadêmico, como então ministrava disciplinas de gestão de pessoas e comunicação nos cursos de graduação em Administração de Empresas, Ciências Contábeis, Economia, Publicidade e Propaganda e Secretariado Executivo Trilíngue na FECAP – Fundação Escola de Comércio Álvares Penteado, decidi aplicar, nos estudantes de 3º e 4º anos de Administração, dada a abrangência de seu perfil – que se encaixava em vários programas de estagiários - a ferramenta de Análise Pessoal do DISC®. O objetivo, aqui, era mapear as características comportamentais desses alunos, para depois confrontar seus resultados com os obtidos na etapa anterior (com as referidas empresas).

Muito embora o referido estudo não pudesse ser caracterizado como estritamente científico (por isso o trato, aqui, como "experimento", ou "exercício"), ele me permitiu aferir uma das possíveis aplicações do DISC, com o objetivo de estudar uma das áreas de meu maior interesse pessoal e profissional, até hoje: a aproximação entre organizações empresariais e instituições acadêmicas, com o intuito de minimizar as lacunas existentes entre ambas.

Continuo até hoje a buscar respostas para as tradicionais perguntas, abaixo evidenciadas.

• Por que as IESs – Instituições de Ensino Superior não formam recursos melhor preparados para o mercado de trabalho? (Do lado das empresas.)

• O que as empresas querem que ensinemos a nossos alunos, a fim de que se tornem mais competitivos no mercado de trabalho? (Do lado das IESs.)

Confesso, para encerrar a descrição deste primeiro experimento que exemplifica o emprego do DISC, que não vi, até o presente, muitos avanços na elucidação das problemáticas aqui brevemente apresentadas, e tampouco dos efeitos práticos na aproximação entre empresas e IESs – exceção feita à disciplina de Comunicação Estratégica (antigamente, Comunicação Empresarial) que desenvolvemos, FECAP e eu (na época, como gerente de Recursos Humanos da Arthur Andersen/Deloitte).

Portanto, fica a dica para quem almeja explorar a versatilidade do DISC para levar adiante projetos de investigação mais aprofundada neste tema específico, buscando respostas para as duas perguntas acima, tanto por parte das IESs, como por parte das empresas. Sem dúvida, este estudo seria muito interessante e profícuo.

Estudos de Maximização do Potencial Individual em Grupos de Trabalhos Multidisciplinares

Também em 2004, como então vice-presidente em exercício do CEAP-RH (Centro de Estudos Avançados de Profissionais de Recursos Humanos), grupo informal de gestores de pessoas mais antigo do Brasil (fundado em 25 de setembro de 1958), decidi usar a ferramenta DISC de análise grupal para definir, com base nas características individuais de seus participantes, qual a tendência comportamental da equipe.

O objeto de estudo, então, era compreender como um conjunto de profissionais muito experientes e extremamente gabaritados em gestão de pessoas, e que teriam muito a contribuir aos propósitos do grupo, poderiam ter suas funções melhor definidas, para otimizar tanto a organização como a execução das atividades a cargo de seus membros.

Extrapolando para o universo das empresas, trata-se de um dos principais focos de problemas organizacionais: embora se invista muito em avaliações individuais para escolha do(a) candidato(a) mais aderente ao perfil, em processos seletivos, subestima-se a influência dele(a) no grupo, e vice-versa.

Não raro, candidatos(as) submetidos(as) a rigorosos processos de avaliação individual, que incluem testes (presenciais ou não, técnicos e/ou comportamentais – como o DISC), dinâmicas de grupo, entrevistas (individuais ou em grupo) etc., não se adaptam à equipe à qual passam a pertencer, após sua contratação.

Por vezes, o problema não se restringe a um conflito com o superior imediato, podendo incluir subordinados, pares e, ampliando-se o escopo de relacionamento, abrangendo os assim denominados stakeholders, seus parceiros de negócios (acionistas, clientes, fornecedores, a comunidade, o sindicato, entre outros).

Como as equipes de trabalho se organizam em torno de objetivos organizacionais, para que estes sejam atingidos é absolutamente necessário que haja uma efetiva integração entre os objetivos individuais e coletivos de seus membros, subgrupos e grupos. Cada um possui o seu papel, nesse contexto de gestão de processos empresariais. Se esse papel não é compreendido, ou algo afeta o seu desempenho, conflitos afloram e, consequentemente, as referidas metas não são alcançadas, prejudicando os resultados globais das empresas.

Proposta de Otimização do Uso da Ferramenta para Fins de Análise

Estamos em 2016. Doze anos após o início de meus experimentos com a ferramenta de Análise Pessoal da *Extended* DISC®, adotei-a em algumas organizações pelas quais passei, entre elas a Toyota – onde, basicamente, fazíamos uso dela em processos seletivos mais elaborados (na contratação de executivos, principalmente) e como subsídio para avaliar áreas de desenvolvimento profissional de nossos colaboradores.

Entretanto, não só na Toyota, mas na maioria das empresas, o emprego de recursos baseados na teoria DISC ou em outros referenciais esbarra numa situação que aflige a maioria dos(as) analistas responsáveis por sua aplicação e interpretação: a dificuldade na análise aprofundada dos resultados.

Antes que seja mal interpretado, não quero dizer, com isso, que esses(as) profissionais estejam despreparados(as) para exercer seu papel. Não se trata de generalização, mas sim do oposto.

Também aqui minha crítica não recai sobre os programas de certificação oferecidos pelas empresas que desenvolvem tais ferramentas. Ao contrário, nos treinamentos, é bastante estimulada a utilização efetiva de todo o potencial de análise.

É insuficiente, isto sim, a certificação desse pessoal no assim denominado "treinamento-padrão" no uso das ferramentas, pois o cotidiano dos(as) profissionais que se debruçam sobre os ricos relatórios fornecidos pela maioria das aplicações os impede de avançar, por variados motivos.

Um deles, estranha e paradoxalmente relacionado ao fato de esses mencionados relatórios trazerem informações suficientes para que o(a) analista mais acomodado(a) se satisfaça com elas e não se proponha a ir além, investigando, por exemplo, o contexto no qual tais informações se inserem.

O(a) verdadeiro(a) analista é aquele(a) que transforma dados em informações e trata estas últimas com a curiosidade e a dúvida investigativas necessárias para que não se as tome como definitivas e paradigmáticas, consubstanciando-se num verdadeiro estigma para os que são avaliados.

Para além das tendências comportamentais decorrentes do cruzamento de informações que essas ferramentas brilhantemente nos propiciam, temos de promover novas correlações entre tais informações e outras variáveis que, pela natureza dos instrumentos, não são por eles captados.

Por exemplo, ao se avaliar a informação de que certa tendência comportamental pode atrapalhar a relação do indivíduo com superiores, pares ou subordinados, o(a) analista deve-se indagar (e à pessoa avaliada) em que circunstâncias tal comportamento se manifesta – assim traçando um histórico de ocorrências que pode ter origem, inclusive, em instâncias primitivas de sua existência. É neste ponto que uma boa formação em ciências do comportamento faz toda a diferença.

Além desse problema de atitude (é preciso ter curiosidade) e de formação (nem todo(a) analista é formado(a) em ciências comportamentais), deve-se mencionar a própria pressão que as organizações exercem sobre o corpo de analistas (em busca de resultados de pragmatismo exacerbado, que consideram supérflua tal investigação) como um condicionante negativo para que a amplitude e a profundidade do potencial de uso das ferramentas não sejam atingidas em sua totalidade.

É perfeitamente cabível, portanto, uma reflexão visceral sobre essas práticas em empresas, enfatizando a responsabilidade dos atores sociais que delas fazem parte, liderando e executando processos de desenvolvimento de pessoas e grupos de trabalho.

Conclusão

Um processo de trabalho se realiza em sua plenitude quando hardware e software se unem para a resolução de problemas cujo objetivo é atingir a máxima eficiência (uso sustentável de recursos) e a máxima eficácia (melhoria contínua de processos e resultados, medidos por indicadores-chave de performance).

As ferramentas baseadas na teoria DISC têm-se mostrado muito úteis a várias situações, como as que procurei exemplificar, neste capítulo.

Seja para se analisar indivíduos ou grupos, seja para uso acadêmico ou corporativo, seja para orientação (inclusive profissional, que é o que faço, hoje) ou tomada de decisão, paralelamente aos avanços na concepção desses produtos (responsabilidade das empresas que os desenham), urge investir em mudanças estratégicas nas organizações.

Especificamente na área de aconselhamento de carreira, em que acabei me especializando, tenho sugerido o uso da ferramenta **SWOT Analysis** (análises internas de fortalezas – **S**trenghts, fraquezas – **W**eakenesses; e externas de oportunidades – **O**pportunities, ameaças – **T**hreats) como forma de mapear estrategicamente a competitividade individual de meus assessorados. E, para identificação de fortalezas e fraquezas, um bom início é a realização de um diagnóstico comportamental, para o qual instrumentos baseados em DISC se prestam, e bem – a uma boa relação custo vs. benefício.

Contudo, para ir além dessa avaliação preliminar, é fundamental não apenas o aprimoramento de ferramentas de análise dos(as) profissionais responsáveis por tais atividades, como também as organizações devem fomentar processos de trabalho que valorizem de fato a realização de sua missão e visão, bem como a disseminação de seus valores, e que estas missão, visão e valores venham cada vez mais ao encontro de uma compreensão integral do ser humano.

REFERÊNCIAS BIBLIOGRÁFICAS

CLARKE, Walter V. *Physical types as bases for variations in primary emotions.* Dissertação de Mestrado na Universidade de Columbia, 1930.

MARSTON, William M. *Emotions of normal people.* La Vergne, TN, USA: Lightning Source, 2007.

Aplicação da Análise de Perfil ao *Coaching* de Liderança e Carreira

MEILING CANIZARES

MEILING CANIZARES

Atua como *Coach* de Liderança e Carreira, credenciada pela ICF (*International Coach Federation*) como ACC *(Associate Certified Coach)*, com formação em *Coaching Profissional* pela *International Coach Academy* e certificação em Análise de Perfil Pessoal e de Equipes pela *Extended* DISC®. Além disso, é formada em Psicologia pela USP e pós-graduada em Administração de Empresas pela FAAP. Desenvolveu sua carreira em Recursos Humanos, com foco em Desenvolvimento Humano e Organizacional, ocupando posições estratégicas em organizações multinacionais. Hoje é sócia-diretora da M'Canizares, empresa de Consultoria em DHO e *Coaching*.

meiling@mcanizares.com.br
www.mcanizares.com.br

As ferramentas usadas por *Coaches* para tornar seus processos mais eficazes são muitas. Algumas, contudo, são usadas de forma mais ampla e reconhecidas por sua contribuição excepcional.

Para citar algumas ferramentas úteis em processos de *Coaching*, quando se trata de ampliação de autoconsciência, Barosa-Pereira cita as seguintes: testes e inventários de personalidade, avaliação 360 graus, testes de assertividade, eneagrama, ECI (*Emotional Competency Inventory*), âncoras de carreira etc.

De acordo com minha experiência e troca de informações com colegas de profissão de vários países e nichos de *Coaching*, os inventários de personalidade ou perfil têm sido amplamente usados como ferramenta facilitadora de autoconhecimento em processos de *Coaching*, embora nem todos os *Coaches* sejam favoráveis ao seu uso.

Os que defendem a aplicação da análise de perfil em *Coaching* baseiam-se nos seguintes argumentos:

• Os relatórios gerados por inventários validados são confiáveis e possuem poder preditivo de comportamento, conferindo ao processo um aspecto de maior objetividade. Aquilo que, em geral, o cliente já reconhece em si é relatado de forma estruturada, o que serve como um espelho e ponto de partida das conversas sobre si mesmo, que serão aprofundadas durante o processo de *Coaching*.

• Os inventários podem ser uma forma interessante de iniciar processos de *Coaching* em que a visão ampla de áreas de força e fraqueza seja recomendável, como, por exemplo, em processos de *Coaching* voltados a carreira ou liderança. Usar instrumentos validados para mapear as áreas de força e oportunidades de melhoria dos profissionais pode ser bastante útil, pois acelera a fase de descobertas e definição de objetivos de desenvolvimento, permitindo que se vá direto aos pontos prioritários, sem a necessidade de longas conversas exploratórias.

• O mapeamento abrangente de oportunidades de desenvolvimento pode ajudar o cliente a definir com maior efetividade os aspectos a serem trabalhados durante o processo de *Coaching*.

• Mesmo para os casos em que o avaliado demonstra dificuldade em lidar com os resultados de sua avaliação e não se mostra aberto a receber o *feedback* que precisa para seu desenvolvimento, esses instrumentos possuem sua utilidade, uma vez que ajudam o *Coach* a identificar, muito cedo, possíveis barreiras para o processo de desenvolvimento, algumas dessas intransponíveis. Assim, o *feedback* com base em um processo de análise de perfil pode ajudar o *Coach* a traçar de forma eficaz e rápida um primeiro prognóstico. Existem alguns sinais a observar durante uma sessão de *feedback*, sobre os resultados de uma análise de perfil, que podem constituir elementos poderosos para um prognóstico acertado sobre o processo de *Coaching*: abertura ao *feedback*, aceitação do *feedback* e profundidade de elaboração sobre o conteúdo do *feedback*. Abertura ao *feedback* ocorre quando o cliente se mostra flexível e disposto a ouvir o que há para ser dito sobre sua forma de se comportar, sobre suas habilidades e dificuldades. O oposto à abertura é a resistência a receber um *feedback*, quando o cliente demonstra reações emocionais negativas intensas e comportamentos defensivos. Reconhecer o que precisa ser modificado é essencial para que o cliente coloque foco no *Coaching*. Se, logo de início, nos deparamos com um cliente que não demonstra abertura ao *feedback*, dificilmente haverá engajamento suficiente por parte dele para seu desenvolvimento. Abertura ao *feedback* é essencial para o processo de autoconhecimento necessário para a promoção de desenvolvimento, mas não é suficiente. Além da abertura, precisamos ter a aceitação do *feedback*, o que implica o movimento por parte do cliente de reconhecer verdadeiramente o que precisa ser modificado. O oposto à aceitação é a negação. Se um cliente, ao receber o *feedback*, recusa-o, torna a viabilidade de trabalhar aquele aspecto com ele quase nula. Suponhamos que um cliente demonstre abertura e aceitação ao *feedback*, mesmo assim é necessário avaliar o grau de consciência sobre o aspecto tratado e isso é feito através do modo como reage ao *feedback*, se de uma forma superficial ou profunda. O *Coach* certamente será capaz de perceber quando o cliente faz uso do *feedback* de forma profunda, engajando-se verdadeiramente no processo de reconhecimento e reflexão sobre o aspecto apontado; ou quando, por outro lado, se engaja de maneira superficial, mais para concordar ou não opor resistência, do que verdadeiramente para ressignificar aquele aspecto.

Já os que são contra o uso de ferramentas de *assessment* em *Coaching* se baseiam nas seguintes premissas:

• O *Coaching* não depende de ferramentas de *assessment* para promover o autoconhecimento, pois suas técnicas permitem que o cliente identifique suas áreas de desenvolvimento.

• Os relatórios produzidos por inventários podem ser percebidos pelo cliente como verdades absolutas ou, ao contrário, recebidos com estranhamento, ao passo que o autoconhecimento produzido por ele mesmo, no processo de *Coaching*, será acolhido com maior naturalidade (já que existia a prontidão necessária para gerá-lo) e terá o poder de engajar sinceramente o cliente em sua mudança.

Avaliando as premissas de quem é a favor ou contra o uso dos instrumentos de análise pessoal em processos de *Coaching*, podemos concluir que todas têm sua lógica e que caberá ao *Coach* fazer sua escolha, que será baseada em valores distintos.

Notamos que os argumentos a favor do uso de instrumentos de avaliação de perfil são baseados em valores como eficácia e aceleração de resultados, através do uso de ferramentas para facilitar o prognóstico do processo. Já os argumentos contrários se baseiam no pressuposto da autonomia da produção de autoconhecimento (sem uso de instrumentos). Ambos os valores são louváveis e caberá ao *Coach* fazer uma escolha.

O objetivo deste capítulo é mostrar as vantagens do uso das ferramentas de *assessment* em processos de *Coaching* de Carreira e Liderança, nichos em que a autora desenvolve seu trabalho.

Para reforçar a posição em favor do uso de instrumentos de análise pessoal em processos de *Coaching*, vale citar o prof. dr. Tomas Chamorro-Premuzic, psicólogo e pesquisador na área de avaliações de personalidade, que relata que existem algumas estratégias que permitem maior eficácia ao processo de *Coaching*:

• **Uso de ferramentas de *assessment*:** fazer um diagnóstico da área de desenvolvimento a ser focada durante o *Coaching*, em sua etapa inicial.

• **Metodologia:** a abordagem utilizada para estruturar o processo de *Coaching* também impacta sua eficácia.

• ***Coach*:** quanto mais qualificado e experiente, maior será o impacto positivo na eficácia do processo. Adicionalmente, segundo estudo desenvolvido por Boyatzis na Western Reserve University e citado por Barosa-Pereira em seu livro, duas competências emocionais parecem ser significativas para a eficácia da intervenção do *Coach*: autoconsciência e empatia. Essas duas competências foram citadas por Goleman como sendo elementos importantes do que ele chamou de Inteligência Emocional.

• **Cliente:** há clientes com maior facilidade e abertura para processos de *Coaching* e esses tenderão a obter melhores resultados. Alguns autores usam o termo *"coachability"*, que não possui uma tradução direta ao Português, mas que significa a prontidão para um processo de *Coaching* e a capacidade de ser impactado por ele. Quanto maior a abertura do cliente para o *Coaching*, maior a probabilidade de ser profundamente impactado por esta técnica. Clientes com grande capacidade de se entregar ao processo de *Coaching* são aqueles que, em geral, obtêm resultados extraordinários com esta abordagem. Como já mencionamos antes, alguns indícios importantes de abertura ao *Coaching* podem ser avaliados a partir das reações durante a sessão de *feedback*.

Aproveitando o tema sobre características do cliente, vale mencionar que alguns autores recomendam que a abordagem *Coaching* seja adaptada ao estilo de aprendizagem de cada cliente, para que seja eficaz. Podemos citar o artigo de Len Sperry como exemplo da importância dessa adaptação (vide referências bibliográficas). Na mesma linha, Stevens, citado por Barosa-Pereira, relata o uso do DISC como ferramenta que oferece dados para que o *Coach* possa adaptar sua abordagem ao estilo do cliente.

Tendo deixado claro que a abordagem usada aqui é a que valoriza o aumento da eficácia nos processos de *Coaching*, e antes de citar exemplos de aplicação da análise de perfil em cases de *Coaching* de Liderança e Carreira, é importante fazer uma pausa para duas definições breves:

• ***Coaching* de Liderança** – visa o desenvolvimento de competências críticas para o sucesso em posições de liderança, de acordo com a posição: líderes de primeira viagem, líderes de líderes, ou líderes de topo (C level).

• ***Coaching* de Carreira** – visa promover a reflexão sobre escolhas e direcionamento de carreira profissional, de forma a conciliar necessidades de autorrealização com necessidades de segurança ou subsistência.

A Ferramenta Que Uso Para Análise de Perfil em *Coaching*

Decidi adotar o *Extended* DISC® como instrumento de análise de perfil para meus clientes de *Coaching* há alguns anos, após pesquisa de opinião realizada com profissionais de RH do Brasil, México, Estados Unidos, Singapura e Alemanha. *Feedback* sobre outras ferramentas também foi coletado, e após uma extensa análise cheguei à conclusão de que o DISC oferecia boa relação custo-benefício, era fácil e rápido de aplicar, seus relatórios eram muito amigáveis e era amplamente utilizado por várias organizações (um dos mais populares, de fato).

Desde então, tenho usado o *Extended* DISC® como ferramenta de avaliação de perfil em muitos de meus processos de *Coaching*, com um *feedback* bastante positivo dos clientes. Tenho notado que é uma ferramenta bem aceita por pessoas leigas, que entendem facilmente a lógica dos tipos e o *feedback* que recebem.

Ao iniciar processos de *Coaching* de carreira ou liderança, verifico se o cliente já passou por alguma avaliação recente de perfil (inclusive com outras ferramentas). Caso não tenha passado, eu recomendo o DISC para iniciar o processo. Caso já tenha uma avaliação, usamos a do cliente. Há casos ainda em que o cliente não possui avaliação e não deseja fazer uma, o que é aceito também. Fica a critério do cliente decidir se irá fazer sua análise de perfil ou não. Os argumentos para que ele considere a possibilidade de fazer sua avaliação são: obter um *feedback* de forma estruturada, bastante objetivo e fidedigno, organizado por grandes áreas - pontos fortes, pontos a desenvolver, o que o motiva e o que o desmotiva. Com essas informações, ele terá um aprofundamento de sua autoconsciência e poderá definir quais áreas precisa focar para atingir seus objetivos profissionais (sejam de desenvolvimento de sua liderança ou o correto direcionamento de sua carreira).

Vale mencionar ainda que, em processos de *Coaching* patrocinados por organizações, o uso de uma análise de perfil facilita a definição de objetivos de desenvolvimento para o *Coaching*, além de servir de apoio para a conversa de *feedback* que gestor e avaliado precisam ter antes de iniciar este processo.

Passo agora a relatar alguns casos em que o *Extended* DISC® foi aplicado no início de diferentes processos de *Coaching* e como foi usado.

Aplicação da Análise de Perfil ao *Coaching* de Carreira

Cliente: homem, faixa etária de 25-30 anos

Objetivo do *Coaching*: adaptar-se à nova fase profissional (expatriação), bastante diferente dos desafios anteriores, em especial, melhorar o relacionamento com a atual gestora.

Aplicação do DISC: visou possibilitar autoconhecimento e reflexão sobre os diferentes estilos de interação. Durante as discussões sobre seu perfil pessoal, o cliente percebeu alguns traços que poderiam gerar os problemas de adaptação que estavam surgindo em seu novo desafio profissional, mais especificamente com sua gestora, que possuía um perfil diferente do seu. Meu cliente era um perfil com C predominante, e a gestora foi identificada por ele como possível D. Tivemos várias conversas sobre como ele poderia lidar de forma mais eficaz com as expectativas de interação da gestora.

Cliente: mulher, faixa etária de 25-30 anos

Objetivo do *Coaching*: repensar o direcionamento de sua carreira, não estava certa de que gostaria de continuar na carreira corporativa.

Aplicação do DISC: ajudou a ter maior clareza sobre o que a motivava e desmotivava. A partir do relatório, a cliente pôde aprofundar essas reflexões, explorando áreas em que gostaria de atuar profissionalmente e pudesse usar suas habilidades, que representavam também fonte de satisfação.

APLICAÇÃO DA ANÁLISE DE PERFIL AO *COACHING* DE LIDERANÇA

Cliente: mulher, faixa etária de 30-35 anos

Objetivo do *Coaching*: desenvolver-se como gestora de pessoas, fortalecendo sua liderança.

Aplicação do DISC: a partir da discussão de resultados, espontaneamente a cliente especificou melhor seu objetivo para o *Coaching*, que seria o desenvolvimento da assertividade nos relacionamentos com colaboradores da equipe e pares.

Cliente: mulher, faixa etária de 45-50 anos

Objetivo do *Coaching*: refletir sobre o futuro de sua empresa e seu papel como líder da organização.

Aplicação do DISC: ajudou a ganhar mais consciência de quais eram seus pontos fortes e áreas de desenvolvimento (até então inconscientes) e a planejar melhor as contratações, de modo a complementar competências em sua equipe.

Conclusão

A partir de minha experiência com a aplicação do *Extended* DISC® em processos de *Coaching* de Liderança e Carreira, constatei o quanto uma avaliação de perfil pode ser enriquecedora para o autoconhecimento do cliente.

Além disso, notei que as aprendizagens a partir da ferramenta variam bastante. Podemos convidar o cliente a construir reflexões, rever significados e aprofundar sua jornada de transformação, sem deixar de respeitar sua autonomia e valorizando a diversidade de caminhos possíveis a serem explorados e encontrados.

REFERÊNCIAS BIBLIOGRÁFICAS

BAROSA-PEREIRA, A. (2008). *Coaching* em Portugal: Teoria e Prática. Lisboa: Edições Sílabo.

CHAMORRO-PREMUZIC, T. *Decoding Coachability: The Science of Personality and Change.* Palestra proferida em 22 de julho de 2015 em encontro da ICF e disponibilizada a seus membros.

GOLEMAN, D. (1998). *What makes a leader?* Best of HBR 1998. Harvard Business Review.

SPERRY, L. (2000). *Leadership Dynamics: character and character structure in executives.* In: KILBURG, R & DIEDRICH, R. *The wisdom of coaching: essential papers in consulting psychology for a world of change.* Washington DC: American Psychological Association.

Desenvolvendo a Cultura de *Coaching* na Organização

Pedro Macedo

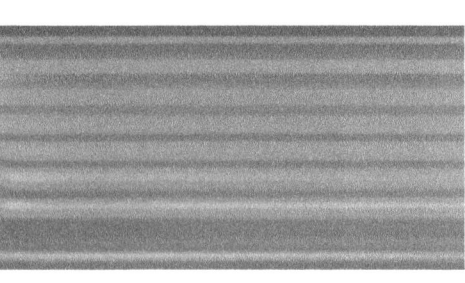

PEDRO MACEDO

Economista, com MBA pela Fundação Getúlio Vargas. Certificado em programas nacionais e internacionais de Liderança *Coach* e em Análise de Perfil Pessoal e de Equipes. Desde 1984, atua em Recursos Humanos, com carreira profissional construída em empresas multinacionais, como: AMP do Brasil, Tyco Electronics, Kromberg & Schubert, Sanmina-SCI. Atualmente, é vice-presidente sênior de Recursos Humanos, Global para Divisão de Minerals Capital, na METSO, empresa de origem finlandesa que emprega mais de 12.000 pessoas em mais de 50 países.

pedro.macedo@uol.com.br
https://www.linkedin.com/in/pedro-macedo-6238b113/pt

> "A única coisa que não muda é que tudo muda." (Heráclito)

Vivemos em um mundo em constante mudança, onde somos demandados por tendências tecnológicas, culturais, sociais a cada momento, e as notícias recém-divulgadas nos redirecionam completamente de nossos planejamentos diários.

Neste cenário mutante, liderar parece ser uma arte para poucos apreciadores, porque não temos tempo para cuidar da equipe, prestar atenção nas pessoas, nos preocupar com as questões humanas e até mesmo sermos gente de verdade, pois somos assombrados pela imagem pública virtual que a instantaneidade das redes sociais e aplicativos móveis em qualquer lugar e a todo momento pode nos flagrar.

O *Coaching* tem se mostrado como uma metodologia que pode criar a oportunidade de nos desenvolvermos como líderes e ao mesmo tempo apoiando o potencial de ação dos liderados e, em uma visão mais ampla, contribuir para os melhores resultados da organização.

Mas como trazer esta ideia para a prática? E, ainda, fazer dar certo no dia a dia?

Meu propósito aqui é compartilhar conhecimentos, experiências e reflexões sobre liderança, autoconhecimento e *Coaching*, levando em consideração alguns princípios fundamentais para o desenvolvimento da cultura de *Coaching* na organização.

A Mudança Não Se Faz Sozinha, Mas Começa Por Mim (MUDE-SE)

> "Você tem que ser o espelho da mudança que está propondo. Se eu quero mudar o mundo, tenho que começar por mim." (Mahatma Gandhi)

Escolhi esta citação de Gandhi pois, para iniciar com este princípio, gostaria de compartilhar uma história:

A mãe levou seu filho a Mahatma Gandhi e implorou: "Por favor, Mahatma, peça ao meu filho para não comer muito açúcar, pois faz mal à saúde". Gandhi, depois de uma pausa, pediu: "Traga seu filho daqui a duas semanas".

Duas semanas depois, ela voltou com o filho. Gandhi olhou bem fundo nos olhos do garoto e disse: "Não coma muito açúcar, pois faz mal à saúde". Agradecida - mas perplexa - a mulher perguntou: "Por que me pediu duas semanas? Podia ter dito a mesma coisa antes!"

E Gandhi respondeu: "Há duas semanas, eu estava comendo açúcar. Não posso exigir dos outros aquilo que não pratico". (GANDHI, 2007).

Já ouviu a expressão: "Faça o que eu falo e não o que eu faço!"?

A reação que esta expressão me traz é de total falta de confiança em quem está falando. Em todos estes anos de experiência profissional, ouvi muitos líderes que reclamavam de seus liderados pela falta de iniciativa em trazer boas ideias, e que parecia até que só traziam problemas. Muitos gestores se queixam que não têm vida, não podem tirar férias, não descansam, ninguém os ajuda. E eles se sentem nadando contra a correnteza.

A questão é que nós, como líderes, fomos criados para achar que o chefe deve saber mais que todos e responder a todas as perguntas. Ora, caso contrário não seria o chefe! Mas, de fato, o líder não é quem melhor executa ou realiza o trabalho. O verdadeiro líder é o catalisador do potencial realizador de pessoas para resultados cada vez melhores. Então, eu líder preciso ser o primeiro a acreditar neste potencial realizador e, primeiramente, mudar a mim mesmo para que a mudança tenha início.

Somente se cada líder repensar suas crenças que limitam o próprio potencial e de sua equipe então será possível mudar a cultura da organização.

Esta é a atitude, a mudança começa por mim!

Para Chiavenato (2010), "cultura organizacional representa as percepções dos dirigentes e colaboradores da organização e reflete a mentalidade que predomina na organização", portanto, como líder devo refletir aquilo que penso na forma que ajo, e demonstrar que sou o catalisador do potencial realizador da minha equipe para alcançar resultados cada vez melhores!

Liderar pelo exemplo é a forma mais impactante de liderança, pois não traz dúvida e permanece ao longo do tempo, muito mais que as palavras. Afinal, como o reconhecido *Coach* Marshall Goldsmith (2011) já disse, "a mudança não é uma rua de sentido único. Implica duas partes: a pessoa que está a mudar e as pessoas que reparam nessa mudança".

Sem dúvida, a mudança de sua atitude para Líder *Coach* vai transformar a cultura na perspectiva de seus liderados, mas é necessário que a alta gestão da organização reconheça nesta conduta um valor verdadeiro para a cultura organizacional. Citando um dos precursores do *Coaching*, John Whitmore (2012): "Uma mudança duradoura e eficaz será apenas um sonho sem o compromisso da diretoria ou pelo menos de um integrante-chave da mesma, que atue como seu patrocinador".

Assim sendo, é necessário apresentar aos dirigentes da organização os benefícios do *Coaching* em termos de elevação da motivação e dos resultados, melhoria do clima de trabalho e alavancagem de alta performance, assim como no desenvolvimento de líderes para o amanhã da empresa e perpetuação do negócio. Portanto, este deve ser um propósito de quem está capitaneando esta iniciativa, seja em pequenas e frequentes doses ou fazendo um grande lançamento do programa de *Coaching*, é necessário obter o real comprometimento dos dirigentes para legitimar o *Coaching* como um valor para a organização e garantir seu sucesso.

Esta é a visão, a mudança começa por mim, mas precisa ter aliados!

LIDERE A VOCÊ MESMO PARA LIDERAR SEU TIME (CONHEÇA-SE)

"Conhece-te a ti mesmo." (Sócrates)

A principal mensagem deste princípio é que o primeiro passo para o verdadeiro conhecimento é conhecer a si próprio e só então será possível conhecer aqueles que estão a nossa volta. Sem o autoconhecimento será muito difícil ter clareza de como potencializar o outro.

Existem várias formas de buscar o autoconhecimento, assim como muitas ferramentas. Um caminho confiável, e apesar de rápido também é muito eficaz, é através da ferramenta de Análise Pessoal da *Extended DISC®*. Seus resultados são apresentados em linguagem acessível e prática, indicando um mapeamento das tendências comportamentais do perfil natural, os pontos fortes e vulnerabilidades, fatores que motivam e que restringem a motivação no ambiente de trabalho. Também, mostrando a percepção do que o ambiente espera em termos de adaptação do perfil e quanto seria confortável mudar nesta direção, em termos de flexibilidade ao desenvolvimento.

O autoconhecimento pode partir da análise de perfil, mas também pode ter prosseguimento com um programa de *Coaching* para o próprio líder.

Entendendo a si mesmo será mais fácil reconhecer o perfil do outro e o nível de sua maturidade emocional ao lidar com certas situações. O líder deve preparar-se para liderar em frente do estilo de cada liderado, também levando em conta a maturidade profissional e emocional.

E, principalmente, o autoconhecimento traz a noção de que não somos certos ou errados, mas somente diferentes dos outros. Portanto, para cada líder haverá aqueles liderados com os quais será mais ou menos fácil trabalhar junto, se comunicar e até mesmo realizar o *Coaching*.

O modelo que a ferramenta de Análise Pessoal da *Extended* DISC® oferece ajuda o líder a compreender o outro e liderar de forma a servir ao liderado o que ele necessita, em termos de abordagem de liderança e comunicação.

Este é o aprendizado do autoconhecimento: sabendo quem sou, então poderei ser um líder melhor para meu time!

O Que Me Trouxe Até Aqui Não Garantirá Que Eu Vá Adiante (PREPARE-SE)

"A mudança é a lei da vida. E aqueles que apenas olham para o passado ou para o presente irão com certeza perder o futuro." (John Kennedy)

O desafio que gostaria de abordar neste princípio é relativo ao contínuo desenvolvimento do líder. Como já alcançou a posição de gestão de pessoas, muitas vezes o líder reproduz seus modelos de atuação, os quais acredita que garantiram sua trajetória até sua atual posição de destaque. Certo e errado!

Certo, porque a trajetória profissional do líder o trouxe até onde está, mas também é errado, pois não irá garantir que este líder continue liderando sua equipe com sucesso, e até mesmo continue na posição que está ocupando. A realidade é como uma escada rolante, em constante movimento, se não nos atualizarmos ao menos na mesma constante de movimento, ficaremos para trás.

O *Coaching* também é uma grande oportunidade para o líder se desenvolver, desafiando-se a ir além no seu próprio desenvolvimento, de sua equipe e criando uma vantagem competitiva para sua organização. A capacitação tanto da equipe para trazer melhores resultados como dos líderes em competências de *Coaching* é requerida para que a cultura de *Coaching* tenha base sólida de sustentação.

Segundo a *International Coach Federation*, são 11 as competências essenciais requeridas para a prática do *Coaching* com qualidade. Para se tornar um Líder Coach é recomendado que participe ativamente de treinamentos que forneçam a estrutura de atuação e desenvolvam no mínimo as competências de comunicação requeridas para a prática do *Coaching*. A seguir, faço uma sucinta descrição destas competências:

• **Escuta Ativa:** concentrar-se completamente no que o *coachee* está dizendo e também no que não está dizendo, para entender o significado do que é dito na perspectiva dele. Distinguindo entre as palavras, o tom de voz e linguagem corporal.

• **Perguntas Poderosas:** fazer perguntas que evoquem a descoberta e movam o *coachee* na direção do seu objetivo, e não questões que requeiram justificativas ou o olhar para trás.

• **Comunicação Direta:** comunicar-se eficazmente, usando uma linguagem respeitosa, clara, articulada e direta, seja ao se expressar ou ao fornecer *feedback*.

Lembro que nenhum treinamento de técnicas ou competências de Coaching será eficaz sem que o líder desenvolva a postura de *Coach*, sob o risco de apresentar nada mais do que atuações esvaziadas de convicção.

Certa vez li uma reportagem de um executivo de muito sucesso, e quando perguntado ao que ele atribuía tanto sucesso, de imediato veio a sua resposta: "Eu sei servir café". Ora, servir café?! Pois bem, quando vinha até sua sala o diretor Industrial reclamando que a produção estava atrasada por falta de material, o executivo logo lhe oferecia um café e, imediatamente, chamava o diretor de Logística para compor a conversa, que eventualmente dizia que o problema havia ocorrido por atraso na entrada do pedido por parte de vendas. Mais uma rodada de café era oferecida, enquanto o gerente Comercial também era convidado a se juntar ao grupo. Este executivo conduzia o time para um clima voltado à busca da solução em conjunto, estimulava o diálogo através de perguntas para resolver o problema. Na verdade, este executivo era um tremendo *Coach*, pois assumindo que não era ele quem deveria trazer as respostas, através de sua atitude ia facilitando que o time resolvesse as questões e, no seu ritmo e por si só, aprendiam o caminho da melhor solução.

Enquanto esse executivo ocupava seu tempo para "servir café", estava se dedicando à estratégia de desenvolver pessoas e assim fazendo com que a empresa seguisse nos rumos corretos.

A postura de *Coach* deve ser natural e integrada à cultura da organização, seja em uma interação do dia a dia feita com empatia e sem julgamento prévio, como no comportamento dos líderes que acreditam no potencial do time e têm disposição autêntica para desenvolvê-lo.

Este é o compromisso, o meu desenvolvimento e dos outros da organização sustentará a cultura de *Coaching* e de alta performance.

CRIE UM CONTÍNUO CÍRCULO VIRTUOSO
(DESPRENDA-SE)

> "Eis aqui um teste para verificar se a sua missão na Terra está cumprida: se você está vivo, não está." (Richard Bach)

Considerando que o significado de virtuoso é aquele que ocasiona o resultado esperado, que contém excelência. Manter o círculo virtuoso, em termos de cultura organizacional, é quando os valores e condutas de seus líderes e liderados colaboram para o melhor resultado!

Se o *Coaching* pode trazer tantos resultados em termos individuais e coletivos, fazer acontecer este círculo virtuoso é fazer com que seja parte da conduta organizacional a atitude *Coach*, alinhada à prática de *Coaching* na organização. Não somente porque é tendência ou todo mundo está fazendo, mas porque traz resultados efetivos e a organização reconhece como um valor necessário ao seu sucesso, hoje e amanhã.

Como Líder *Coach*, busque resistir à tentação de querer tão persistentemente o "estado da arte", a perfeição em *Coaching* que se possa seduzir pelo desejo de que nada mude. Mas, como já citado no início deste capítulo, "A única coisa que não muda é que tudo muda". Prepare-se para a mudança, observe sua realidade de forma dinâmica, sob um novo olhar, pois um de seus liderados mudará para outra área, ou se tornará um líder, ou você será movimentado para outra parte da organização na qual um desafio o/a espera.

Assim como os pais criam os filhos para serem adultos, autônomos, felizes e realizados no mundo, não seríamos nós, enquanto líderes, que desenvolveríamos pessoas na organização para ficarmos no mesmo estágio de coisas para sempre.

Evolução é mudança bem-vinda! Devemos estar prontos para ela. E cientes de que "não podemos nos banhar duas vezes no mesmo rio", como também disse o sábio Heráclito. Não somente porque as águas se renovam a cada instante, mas também porque nós estamos constantemente evoluindo, em um círculo virtuoso, que parte de cada um de nós e envolve a todos aqueles que estão ao nosso redor.

Esta é a missão, desenvolver práticas de *Coaching* virtuosas e continuamente cultivar a postura de *Coach* em toda a organização.

REFERÊNCIAS BIBLIOGRÁFICAS

CHIAVENATO, Idalberto. Gestão de pessoas. Rio de Janeiro: Elsevier Editora, 2010.

GANDHI, Mohandas K. Gandhi: Autobiografia - Minha Vida e Minhas Experiências com a Verdade. Rio de Janeiro: Palas Athena, 2007.

GOLDSMITH, Marshall. O que o fez chegar aqui não o leva mais além: como pessoas bem-sucedidas têm ainda mais sucesso! Lisboa: SmarthBook, 2011.

WHITMORE, John. *Coaching* para aprimorar o desempenho: os princípios e a prática do *coaching* e da liderança. São Paulo: Clio Editora, 2012.

Portais acessados em 15 de maio de 2016:

Extended DISC® Brasil: http://www.extendeddisc.com.br/

International Coach Federation: www.coachfederation.org

Coaching & Análise de Perfil

Desenvolvendo Competências Pessoais Através do *Coaching*

Rita Eltsinof

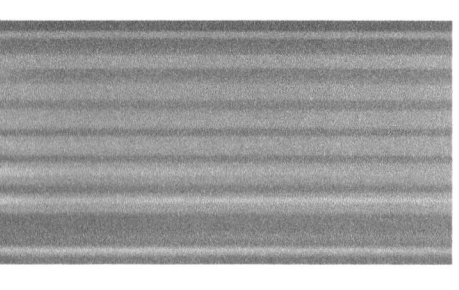

Rita Eltsinof

Psicóloga pela Universidade São Marcos, MBA em Gestão de Pessoas pelo Instituto de Tecnologia Mauá, certificada em *Coaching* Integrado pelo ICI (*Integrated Coaching Institute*) e em Análise de Perfil Pessoal e de Equipes pela *Extended* DISC® Brasil. *Coach* e consultora especialista em liderança, desenvolvimento de pessoas e carreira. Mais de 15 anos de carreira, atuando em Recursos Humanos na Accor Services: Ticket e Edenred, Natura Cosméticos, Fosfertil e Hypermarcas. Realização de projetos de Treinamento e Desenvolvimento de liderança e equipes, educação corporativa, desenvolvimento organizacional, cultura e valores, gestão de clima, gestão de jovens profissionais e atração e seleção de talentos.

rita@retreinamentos.com.br

Caro leitor, este capítulo é destinado a você que está à busca de desenvolvimento pessoal e profissional, que deseja ir além, despertar o seu potencial pleno, reconhecer os pontos de melhoria necessários para seguir adiante, alcançar seus objetivos, tomar decisões acertadas, ter sucesso em suas escolhas e acima de tudo Ser Feliz!

Através do processo de *Coaching* é possível desenvolver competências pessoais essenciais para transformar sonhos, desejos e ou intenções em objetivos e em atitudes relevantes para sua vida possibilitando harmonia consigo mesmo, reconhecimento de onde está e onde se quer chegar, aumentar a capacidade produtiva e com isso, construir resultados consistentes, pautados em escolhas alinhadas com seus valores pessoais.

Por onde começar, o ponto de partida.

Por onde começar? Existe uma tendência de um modo geral que é a de querer pular etapas e já obter o resultado esperado. Muitas vezes se espera e há o desejo de que magicamente as coisas aconteçam, como num piscar de olhos um comportamento indesejado se transforme em uma habilidade e atitude com proficiência, um conflito deixe de existir sem a necessidade de construir um caminho de entendimento das razões e comportamentos expressos que levaram ao conflito e com isso estabelecer um diálogo franco com as pessoas envolvidas ou até mesmo se perguntar por que se dar ao "trabalho" de modificar ou adquirir novos comportamentos, preferindo se manter como está. Porém, numa análise mais acurada percebe-se que há barreiras internas a transpor para que possa evoluir e possa se tornar uma pessoa mais feliz consigo e em consequência com as pessoas de seu relacionamento seja pessoal como também profissional.

Um bom exemplo neste caso de habilidade a ser desenvolvida é a capacidade de falar em público, ter a desenvoltura para comunicar com pequenos ou grandes grupos, mesmo sem ter tido a exposição, treino e prática para isso.

É comum focar o olhar para o externo, para o outro que está a sua volta ou até mesmo para aqueles que estão mais distantes e que possuem a habilidade da comunicação. O que será que o outro tem que eu não tenho? Por que ele consegue e eu não?

Podemos experimentar uma outra forma de perguntar, como: "O que esta pessoa fez para que hoje consiga se comunicar com excelência e atingir públicos diversos? O que fez com que buscasse desenvolver esta competência? O quanto dedicou de tempo? Quantos foram os acertos e os erros? O quanto persistiu mesmo diante de obstáculos? O quanto acreditou que era possível? O quanto praticou até que a fluência na comunicação se tornou uma habilidade?

Enquanto o foco de atenção está direcionado para o externo, voltado para aquilo que está fora de você, o sentimento muitas vezes é o de insatisfação, de que não é possível, a sensação que se tem internamente é como um vazio, um espaço que não é preenchido. Por vezes, na tentativa de suprir este vazio, movido pela ansiedade de querer fazer algo de imediato, seja pelos pensamentos que rodeiam a mente, pela impaciência em não querer dedicar tempo para compreender o porquê de determinada situação estar ocorrendo na sua vida, alguns comportamentos podem ser adotados na tentativa de ocupar este vazio. Por exemplo: começar a fazer o que vem pela frente sem um objetivo ou foco muito claro; ou sair à busca de coisas que o preencham momentaneamente, que proporcionam uma sensação de prazer, mas que não dura por muito tempo; ou começar algo e abandonar, tornando-se assim um ciclo vicioso, de sucessivos começos e desistências.

Outro exemplo, seria partir para os excessos, sejam eles nas áreas do trabalho, financeira, alimentação, dentre outras. Trabalho em excesso, muitas horas dedicadas, muito além do que deveria e que é necessário. Neste caso, a referência é de utilizar o trabalho como fuga, o que significa mergulhar nas atribuições para não parar e focar naquilo que é essencial para dar um melhor direcionamento e equilíbrio para sua vida. Talvez porque seja mais fácil lidar com as questões do trabalho do que consigo mesmo. Já parou para pensar nisso? Nessas horas sempre digo que não existe certo ou errado, mas a necessidade de observar os movimentos e escolhas que estão sendo feitas e que sempre há possibilidade de mudança e de começar um novo comportamento.

Da mesma forma, gastos em demasia geram desequilíbrio financeiro, compras e mais compras sem a real necessidade, uma compra compulsiva, e aqui cada um sabe o tipo de consumo que mais aprecia, que pode ir desde produtos tecnológicos e eletrônicos a vestimentas, entre outros. A alimentação também pode ser outra vilã a reforçar este tipo de comportamento de fuga, a busca por uma sensação de saciedade momentânea.

Seja pelo vazio ou pelo excesso, pela ansiedade ou pela fuga, a energia que está sendo despendida pode estar sendo superutilizada ou subutilizada.

Certa vez, participando de um seminário de desenvolvimento humano, ouvi a seguinte frase: "Você é as escolhas que faz".

Refletindo mais profundamente sobre esta frase, se somos as escolhas que fazemos, os passos que escolhemos trilhar, as atitudes que empreendemos em nosso dia a dia, então somos os atores principais de nossas escolhas e não vítimas de uma situação ou até mesmo de pessoas, não é o outro que comanda a minha vida. Se está vivendo uma situação crítica ou de conflito em sua vida, já parou para pensar o que fez com que isto ocorresse, qual é a sua parte nesta situação?

A atitude de vítima pressupõe culpados, sempre o outro é o responsável por você estar em determinada situação. A irritação, o desconforto é com o outro ou com a situação que está vivendo, se o outro ou a situação não existisse, a dificuldade deixaria de existir. Será?

Enquanto se exerce a atitude de vítima, não há espaço para reflexão, para a tomada de decisão e atitudes positivas.

Já a atitude protagonista é consciente de suas potencialidades, responsabilidades, de suas escolhas, das ações, sabe até onde vai a sua parte e começa a do outro.

Como equilibrar as áreas da vida, gerar movimentos que sejam consistentes e em constância, desenvolver competências pessoais, ser protagonista da própria história, estar preparado para lidar com as mudanças e adversidades, lidar com as questões que acontecem no nosso dia a dia, superar desafios e acertar nas escolhas?

Em minha experiência como *Coach*, começo com o que se chama trabalho interno, é o que permite ampliar o conhecimento acerca de si mesmo, o seu modo de funcionar, de pensar, sentir, aprender a lidar melhor com as situações do dia a dia, controlar impulsos, ter autonomia para fazer escolhas, resolver problemas, tomar decisões acertadas em consonância com seus valores, compreender as perspectivas do outro, considerar a realidade e que você é parte de um todo maior, enxergar algo que está além do visível, do aparente, bem como procurar outras formas para entender a situação e encontrar a melhor solução.

Autoconhecimento – Valores e Crenças

No processo de *Coaching* o desenvolvimento de competências pessoais está vinculado ao autoconhecimento e à ampliação da consciência acerca de si mesmo, é um caminho de construção que possui elementos-chave que são essenciais para alcançar os objetivos desejados. Reconhecer suas forças e suas vulnerabilidades, compreender e saber lidar com suas emoções e pensamentos, gerar foco, estabelecer metas, criar planos de ação e ter atitudes.

A principal função do processo de *Coaching* é gerar condições para o aprendizado e o desenvolvimento pessoal.

Antes de continuar, proponho uma reflexão. Responda às questões a seguir:

1. Quanto você tem dedicado de tempo para o seu autoconhecimento?
2. Sabe reconhecer quais são suas fortalezas e fraquezas?
3. Está disposto a olhar de frente para aquilo que te impede de seguir adiante?
4. O que tem feito para alcançar os seus objetivos?
5. Onde deseja estar nos próximos três, cinco e dez anos?

Logo no início do processo de *Coaching*, um bom começo é fazer o exercício de valores, tornar claro quais são os seus valores pessoais, serve tanto para sua vida pessoal como para carreira profissional. Esta etapa inicial de um processo de *Coaching* será a força condutora para as demais etapas do processo.

Todas as pessoas possuem uma gama de valores. Valores é aquilo que move as pessoas, é o que impulsiona para a ação, o que é essencial e traz significado para cada indivíduo, o que permeia o seu comportamento, pensamentos e emoções.

Agimos de acordo com nossos valores, isto quer dizer que situações ou questões vivenciadas no dia a dia que estejam alinhadas aos valores trazem a sensação de coerência, de realização e satisfação interna. Por outro lado, quando situações ou questões destoam dos valores, a sensação é de estar agindo em discordância com os valores e gera incômodo.

Quando há o reconhecimento de quais são os valores pessoais que orientam a sua vida, é possível compreender melhor os comportamentos e atitudes tomadas, bem como o ambiente do qual faz parte.

Todavia, há também um conjunto de crenças que limitam a ação, que agem como uma barreira que impede de perceber o ambiente, de seguir adiante, dar os próximos passos e superar obstáculos.

Aqui cabe um exemplo: um profissional com grande bagagem em sua área de atuação, que reúne competências técnicas e comportamentais, movido pelo valor de excelência quer apresentar um novo projeto para a empresa que trabalha, mas não suporta situações em que se sinta inseguro ou que fujam da sua área de conforto. Ele vai estudar o mercado, ver tendências, reunir todas as informações necessárias, elaborar uma estratégia, traçar um plano de ação, estudar o material que elaborou, mas é possível que na hora em que for apresentar este projeto para níveis hierárquicos superiores ao seu acabe se esquecendo de detalhes importantes, gagueje, perca o foco, e pode chegar à conclusão de que deve desistir do projeto.

Nesta etapa do processo de *Coaching*, o *Coach* ajuda o *coachee* a identificar além de seus valores, a crenças que limitam suas ações, como sua mente emocional atua e também como fortalecer os valores e desconstruir as crenças restritivas.

FERRAMENTAS

A aplicação do *Extended* DISC® no processo de *Coaching* vem demonstrando, ao longo dos anos, que esta ferramenta é poderosa, rica em informações, fica explícito o quanto as pessoas se reconhecem na análise descrita no relatório, possibilitando identificar o seu perfil pessoal, fornecendo apoio ao *coachee* em seu plano de ação, entre outras questões relevantes para o desenvolvimento de competências. Durante os atendimentos de *Coaching* é notória a sua eficácia, pois, além de possibilitar ao *coachee* identificar aspectos relevantes para o seu desenvolvimento, estabelece uma comunicação assertiva entre *Coach* e *coachee*, é algo palpável que traduz em palavras aquilo que muitas vezes o *coachee* já percebe, mas nunca tinha tido a oportunidade de receber, em um único material.

Neste momento, você já vai tendo a compreensão de quais são os valores que norteiam a sua vida, as crenças que limitam o desenvolvimento, o impacto de suas ações, a compreensão de qual é o seu perfil pessoal, suas fortalezas e fatores de motivação, como você funciona, como reage o seu interno e também as suas reações diante de diversas situações, então é chegada a hora de reunir todas estas informações e refletir sobre cada uma delas, identificar oportunidades de desenvolvimento, definir a meta de desenvolvimento, a competência que deseja trabalhar, gerar planos de ação e colocá-los em prática.

A meta de desenvolvimento está relacionada ao que se deseja alcançar, é o seu alvo, pode ser tanto no âmbito pessoal como profissional, por exemplo: ter uma vida saudável, ocupar cargo de liderança, aprimoramento profissional etc.

A competência está relacionada com o comportamento que se reconhece como sendo importante de ser trabalhado e exercitado para alcançar a meta de desenvolvimento e assim atingir os objetivos esperados. Para que a competência se torne algo factível é imprescindível transformá-la em atitudes que serão praticadas no dia a dia. Exemplos de competências: comunicação assertiva – transmitir mensagens claras, autocontrole –, manter em equilíbrio e sob controle as emoções e os impulsos, gestão de pessoas – identificar os diferentes estilos pessoais da equipe e ter atitudes adequadas a cada perfil.

Uma vez definida a meta de desenvolvimento e a competência, o próximo passo será traçar o plano de ação. Um bom método que costumo utilizar nesta fase são as metas SMART. É importante checar se a meta escolhida e o plano de ação traçado são específicos, mensuráveis, atingíveis, relevantes para o *coachee*, e se o tempo para realização é adequado.

Agora chegou a hora de o *coachee* colocar em prática, exercitar, experimentar, romper fronteiras internas de seu próprio ser, acertar, errar, corrigir rota, refletir, se permitir, desapegar, ouvir, sentir, este é um trabalho em conjunto de *Coach* e *coachee*. Por sua vez, o *Coach*, com sua experiência profissional e também de vida, se coloca em observação atenta, na presença empática genuína, tem compaixão, é direto, é confiável, mantém o equilíbrio e utiliza de abordagens positivas.

Também há o momento para o *coachee* celebrar as conquistas, os avanços, a felicidade em atingir, passo a passo, as metas estabelecidas. Na minha experiência como *Coach* esses momentos são especiais, o sentimento de missão cumprida, de poder reconhecer que cada trabalho de *Coaching* que realizo é parte da minha missão e propósito de vida.

Concluo este capítulo expressando que o verdadeiro sucesso do processo de *Coaching*, bem como o desenvolvimento de competências, se faz mais eficiente quando o *coachee* demonstra o real interesse em se autoconhecer, se entrega verdadeiramente ao aprendizado e coloca em prática aquilo que aprendeu, experimentando outras perspectivas e adotando novas atitudes, e o *Coach* quando faz o trabalho com significado e paixão alinhado ao seu propósito que é o contínuo desenvolvimento humano.

REFERÊNCIAS BIBLIOGRÁFICAS

EXTENDED DISC®. Guia de Leitura do Relatório de Análise Pessoal, 2016.

EXTENDED DISC®. Manual de Treinamento de Certificação, 2016.

EXTENDED DISC®. Relatório de *Coaching* - Guia de Análise Pessoal & Profissional, 2016.

GOLEMAN, Daniel. Inteligência Emocional: A teoria revolucionária que redefine o que é ser inteligente. Rio de Janeiro: Objetiva, 2012.

STEFANO, Rhandy Di. O Líder – *Coach*, Líderes Criando Líderes. Rio de Janeiro: Qualitymark, 2005.

Será que Criamos um Sistema que é Imune a Mudança?

Rosângela Barcellos

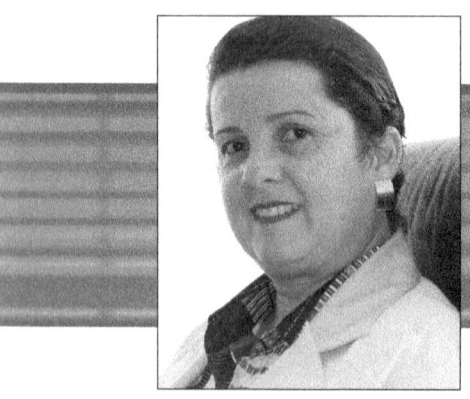

ROSÂNGELA BARCELLOS

Credenciada pela ICF (*International Coach Federation*) como *Professional Certified Coach* – PCC (única no MS). Formação nacional e internacional em *Coaching* em escolas credenciadas pela ICF com foco em *Coaching* executivo, de carreira, pessoal e ontológico. Mais de 2.600 horas de prática de *Coaching*, atendendo clientes no Brasil, Austrália, Itália, República Checa, Estados Unidos, dentre outros. Única *Coach* brasileira integrante de um time de 34 *Coaches* globais, trabalhando com transferência de aprendizagem em grandes multinacionais. Professora convidada pela FDC (Fundação Dom Cabral) para atuar com líderes no modelo de intervenção da facilitação de conversas desenvolvedoras.

(67) 3026-6316 / (67) 99202-9888
rosangelabarcellos@rosangelabarcellos.com.br
www.rosangelabarcellos.com.br

Quando o assunto é mudança sentimos um misto de ansiedade, temor, desejo, esperança e por vezes, diante das vicissitudes que a vida nos traz, nos vemos 'obrigados' a mudar e assim pensamos alto, rodeados pelas nossas vozes internas que muitas vezes gritam: "... ou você muda, ou está perdido!" Ouvimos nossa voz interna de cobrança ou de alguém próximo, solicitando de nós uma mudança e a partir deste 'apelo' nos determinamos a mudar, nos colocamos a caminho, no entanto, no meio da nossa caminhada, salvo aqueles muito obstinados, perdemos o 'fio da meada' e lá estamos nós, novamente, na estaca zero em relação ao resultado que queríamos obter.

Portanto, constatamos que a mudança é um processo um pouco mais complexo do que pensávamos, como tal, pode significar em outras palavras que não mudamos hábitos, comportamentos e nosso jeito de funcionar da noite para o dia, só porque desejamos ou porque alguém deseja que assim o seja. Diante desta 'luta' pela mudança, é importante considerar que podem existir aspectos ocultos do nosso funcionamento que vai além de uma simples resistência, dos quais não temos total consciência e domínio, que podem estar impedindo de promover a mudança que estamos tentando fazer há algum tempo.

McLean e Hudson, grandes autores que contribuem para a compreensão no campo de desenvolvimento de adultos, transição e mudança, destacam que as pessoas estão vendo sob a lente da mudança, enxergam o mundo como desafiador, exigente e às vezes avassalador. As forças da mudança parecem não ter nenhuma contenção, limite ou fontes previsíveis de controle.

Concordo que o momento pede mudança e, neste contexto, o que pode significar aumentar seu nível de consciência sobre seu próprio funcionamento, entendendo se realmente está criando um sistema que opera contra algumas mudanças que deseja fazer?

Convido você, nestas linhas, a mergulhar nesta questão instigante e que desperta curiosidade, no momento em que tentamos buscar uma resposta quando paramos para refletir se realmente criamos um sistema que é imune a mudança... algumas perguntas não querem calar quando decidimos mudar algum aspecto em nós ou algo que não está funcionando em nossa vida, ficamos incomodados e por muitas vezes nos perguntamos... o que acontece comigo que não consigo mudar este comportamento, que me incomoda tanto? O que acontece que não emagreço, que não paro de comprar compulsivamente, que gasto além da conta, que não consigo dizer o que quero e acabo dizendo 'sim' para tudo, que não consigo ser uma pessoa mais suave, menos rígida comigo mesma e com os outros, que não consigo confiar em minha equipe e quando vejo estou colocando a 'mão na massa'?

Enfim, são muitos os questionamentos sem muitas respostas... tenho compreendido mais profundamente estas questões e ouso dizer, através da minha experiência e da percepção dos resultados de alguns clientes (coachees), que na verdade não conseguimos atingir alguns objetivos de melhoria porque criamos um sistema imune, forte e blindado que impede nossa mudança. É imune porque tem como objetivo nos proteger da própria mudança que queremos fazer.

Hoje, cada vez mais tenho a honra de aprender com cada *coachee* quando revelam seu sistema, assim, constato com cada experiência que, sim, criamos um sistema oculto que funciona como autoproteção e é imune a mudança!

Como fui apresentada a este sistema e ao termo imunidade a mudança?

Meu primeiro contato com este termo imunidade a mudança foi há dois anos quando participei de uma conferência internacional de *Coaching* no Rio de Janeiro e escolhi fazer este seminário, justamente pelo tema, o qual despertou em mim, automaticamente, uma curiosidade. Fiquei tão empolgada com a experiência em descobrir que criei um sistema imune e que funcionava de forma brilhante contra meus objetivos de melhoria, que decidi beber da fonte com os 'pais' desta metodologia.

Estive em Boston com Robert Kegan e Lisa Lahey, renomados professores da Harvard University, para entender mais profundamente sobre este sistema que me havia 'capturado' e trazer para o Brasil uma metodologia que pudesse auxiliar mais pessoas, a fim de facilitar mudanças transformadoras e sustentáveis em suas caminhadas. O *Coaching* em minha vida é algo tão importante que se tornou uma filosofia, um jeito de me relacionar, uma forma de expressar minha essência, de ser, estar e viver.

Portanto, meu mais profundo desejo é que você possa 'navegar' nas linhas que virão, ampliando a lente da sua compreensão sobre como funciona este sistema imune, despertando reflexões amplas e conscientes sobre seu próprio sistema, fazendo conexões significativas da imunidade a mudança com a dificuldade que temos de mudar e como este fenômeno opera diante de seus objetivos de melhoria.

Para Kegan e Lahey, nós todos sabemos que mudar é difícil, mas não sabemos o suficiente sobre porque é tão difícil e o que podemos fazer sobre isto. Segundo os autores, o desafio de mudar e melhorar é frequentemente incompreendido como uma necessidade de 'lidar melhor' ou 'lidar com' a grande complexidade do mundo.

Mudar gera desconforto e naturalmente resistimos a isso. Sendo assim, quando se fala em mudança, consequentemente a palavra resistência vem junto. Fundamentarei minha explanação através de um caso relatado sobre um dos tipos de resistência, que a meu ver servirá como 'pano de fundo' para compreensão da dinâmica deste sistema, quando resisto mudar ao perceber que algo catastrófico pode acontecer.

Segundo Zimerman, resistimos quando temos a nítida percepção de que dada situação pode me causar algum sofrimento, neste contexto, nem sempre esta percepção é visível, mas sim oculta, revelando resistências provindas do inconsciente e que, consequentemente, promovem uma resistência contra mudanças.

Através de minha experiência com desenvolvimento de adultos, percebo que a resistência pode expressar-se através de nossos atos, emoções, atitudes, ideias, linguagem... elas aparecem em uma variedade de maneiras: claras, ocultas ou sutis, simples ou complexas, pelo que está acontecendo e pelo que está deixando de acontecer. O que é interessante notar, através da prática, é que a existência de um sistema imune oriundo de uma resistência de algo que temo é universal, ou seja, todos nós, de alguma forma, criamos este mecanismo para nos proteger de algo ruim que imaginamos poder acontecer. No entanto, nosso perfil de alguma forma determinará os tipos das preocupações ocultas que teremos. No caso citado a seguir, no perfil do *coachee* destaca-se o quanto predominante é a necessidade de controlar, o medo do fracasso, revelando um perfil de CD no modelo DISC, com a necessidade de que tudo saia do jeito que ele deseja, um medo muito grande do fracasso e um perfeccionismo intenso. É muito comum, ao trabalhar com gestores, nos depararmos com este perfil, sendo que as preocupações ocultas giram em torno do receio de ser visto como incompetente, medo de ser avaliado, de perder o controle e o respeito pelos seus subordinados.

Vamos entender melhor este processo através do relato de um case atendido em *Coaching*: Pedro (nome fictício) quer ser um líder melhor para sua equipe, recebe *feedback*s de seus superiores e da própria equipe de que precisa delegar mais, ou seja, na verdade precisa confiar mais na equipe e descentralizar para poder delegar. Pedro sabe que, se não mudar realmente, pode estar com os dias contados na organização em que trabalha, afinal, já não é a primeira vez que ouve este tipo de comentário a seu respeito, que confia pouco nas pessoas.

Determinado a mudar, lança para si uma meta através do grande objetivo de melhoria de confiar mais em sua equipe, com isso, delegar mais efetivamente. Inicia um programa conjunto com a equipe, divide tarefas, organiza processos, no entanto, passa um tempo, quando menos espera, lá está Pedro novamente colocando a mão na massa, pegando o serviço de alguns liderados para ele fazer, ficando novamente sobrecarregado, mas, ele pensa… "se eles não fazem, alguém tem que fazer, afinal, serei cobrado pelos resultados". Pedro em alguns momentos até se questiona por que não consegue mudar, já que está ameaçado de perder o cargo, mas fica sem resposta. O que realmente está impedindo Pedro de mudar?

Zimerman destaca que, ao resistir a uma mudança, na verdade, resisto ao pavor de uma catástrofe, pois representaria em sua essência abandonar minhas familiarizadas soluções adaptativas às quais estou acostumado na rotina de meu dia a dia. Ao abandonar, inconscientemente me sentiria desprotegido e eminentemente em perigo.

Vamos colocar uma lente mais profunda no caso citado acima, para entender de que perigo estamos falando, e a que resistimos quando não mudamos conforme gostaríamos. Toda vez que Pedro centraliza e não delega, está evitando que algo aconteça, se está evitando algo, provavelmente é algo que teme, porque, se não fosse, não evitaria tanto, concorda?

Se Pedro sabe que poderá correr o risco de ser demitido, caso não consiga ser o líder que a organização espera dele, é bem provável que o que teme é maior e mais forte do que a necessidade de mudar, é também igualmente provável que seja inconsciente, não permitindo que Pedro enxergue realmente porque faz como faz e o que está evitando por trás de todas as ações de centralização. Se ele não enxerga este funcionamento, é muito provável também que tenha algumas preocupações que são ocultas...

Quais seriam as preocupações ocultas que o estão impedindo de agir diferente?

Quando peço para Pedro imaginar-se fazendo o contrário do que faz, ou seja, confiar mais na equipe, dividindo tarefas, delegando... continuo instigando-o a pensar com que ele terá de lidar, caso comece realmente a fazer diferente do que vem fazendo, por alguns instantes, ele suspira na minha frente como se tivesse revelado para ele mesmo algo escondido e diz: "Na verdade, se eu delegar, posso perder o controle da situação, tenho medo de ser visto como incompetente, não me sentirei mais tão produtivo, afinal, sou eu que faço tudo quando percebo que minha equipe não faz!"

Aí estão as grandes preocupações ocultas de Pedro, e são elas que o estão impedindo de agir de forma diferente, estão inteiramente conectadas com todas as ações que ele quer mudar e que trabalham contra seu objetivo de melhoria.

É muito comum ao trabalhar com gestores este medo em forma de pergunta: "E se eu delegar mais, o que irei fazer com o tempo que me sobra? Como serei visto?"

O sistema é tão brilhante que desencadeia compromissos ocultos gerados pelas preocupações ocultas... Estes compromissos são diferentes dos compromissos de ser um líder melhor, os compromissos ocultos não são também totalmente visíveis e revelam como funciona o sistema imune de Pedro, vamos entender, se, no caso, a grande preocupação oculta era o medo de perder o controle, então, este tempo todo ele vem se comprometendo ocultamente a nunca perder o controle, igualmente, também, está comprometido a nunca ser visto como incompetente, seus compromissos ocultos alimentam e 'amarram' a forma como ele age, impedindo-o de agir diferente e são oriundos de seus medos ocultos, revelando um sistema conectado, inteligente e imune contra qualquer mudança no quesito da delegação.

Mas em que se sustenta todo este sistema?

Pedro só age do jeito que age porque, no final das contas, pressupõe (julga) que algo ruim irá acontecer com ele, isso revela-se para ele como uma verdade, assim como seus medos e preocupações ocultas. Portanto, qual seria seu grande pressuposto de acordo com o sistema imune deflagrado por ele? Bom, ele descobriu que um de seus pressupostos mais fortes estava ancorado em pressupor que, se não fosse visto como competente o tempo todo, não seria respeitado, perderia sua autoridade...

Portanto, este pressuposto mantinha seus compromissos ocultos, desencadeados pelas suas preocupações ocultas e impedia-o de agir a favor de seu grande objetivo de melhoria, confiar mais em sua equipe.

E o que aconteceu com Pedro? Como ele começou a se desvencilhar de seu sistema imune? Já ouviram falar que contra fatos e dados não há argumentos? Pois é, Pedro começou uma caminhada de testagens para desafiar e checar seus pressupostos, resolveu encarar seus medos, testando agir de forma diferente, gradativamente, escolheu cada teste com segurança, o convite era para testar e não mudar, o que muda todo impacto da mensagem recebida e diminui a resistência. Na medida em que ia testando se seu pressuposto era válido, seus medos ficavam menores e sem sentido, constatava na prática que quando delegava, ao contrário do que julgava e pressupunha, sua equipe o reconhecia como líder, sobrava mais tempo para ser mais estratégico, o que de fato era uma das grandes expectativas também de sua organização. Enfim, Pedro foi libertando-se de seu sistema ao poucos, tornando-se conscientemente liberto, colhendo dados de como se sentia na medida em que delegava e quais impactos obtinha com esta ação. Atualmente, Pedro desafiou-se a testar cada vez mais seus pressupostos e sente-se inteiramente liberto inconscientemente de seu sistema imune, o que significa que a mudança está natural e quando vê está delegando, o processo flui, sua equipe o reconhece como líder!

No final, olhou para todo o quadro de sua imunidade e riu, achando todos seus pressupostos e medos sem sentido, porque descobriu através dos testes que, se um dia encarava seus medos e pressupostos como verdade, agora descobriu que a maioria das verdades estava escondida nos dados que colheu, nas observações reais do quanto melhor podia ser na relação com sua equipe, quando se predispôs a testar seus julgamentos e a checar se o que pressupunha de fato procedia!

Seus pressupostos estão esperando serem desafiados e checados, o que acha da ideia?

REFERÊNCIAS BIBLIOGRÁFICAS

Kegan, Robert & Lahey, Laskow Lisa. *Immunity to Change - how to overcome it and unlock the potential in yourself and your organization.* Harvard Business School Publishing Corporation, 2009.

McLean, D. Pamela, Hudson, M. Frederic. *LifeLaunch - A passionate guide to the rest of your life.* Linda Antone, 2011.

Zimerman, David E. Fundamentos psicanalíticos, técnica e clínica - uma abordagem didática. Porto Alegre: Artmed, 1999.

Coaching: Processo de Empoderamento e Autoconhecimento

Thayana Benmuyal Barroso

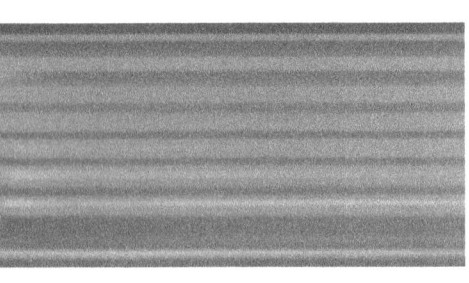

THAYANA BENMUYAL BARROSO

Psicóloga, especialista em Gestão de pessoas. *Practitioner* em *Coaching*, master *Coach* de carreira e especialista em Análise de Perfil Pessoal e de Equipes. Experiência de 11 anos na área de Gestão de Pessoas, atividades de Treinamento, Desenvolvimento, Recrutamento e Seleção. Atua como gerente de Recursos Humanos em uma empresa de varejo de grande porte no Pará. Realiza atendimento de *Coaching* individual e em grupo, via presencial e a distância para todo o Brasil. Tem como objetivo ajudar as pessoas a terem mais sucesso em suas carreiras ou em seus negócios.

www.thayanabarroso.com.br
contato@thayanabarroso.com.br

É de fundamental importância para todos o entendimento das nossas forças, habilidades e competências, porém, é possível observar pessoas à nossa volta que não conseguem conectar-se com suas fortalezas internas, suas habilidades realmente produtivas e suas competências que os façam andar fora da zona da improdutividade, e lhes tragam resultados duráveis e escaláveis.

Hoje em dia, a maioria das pessoas não consegue acessar tais forças e permanece num ciclo de insatisfação, vitimização e não vai além de suprir apenas as suas necessidades de sobrevivência. Dessa forma, fica devendo em outros níveis mais excelentes na família, no trabalho e no desenvolvimento pessoal.

Mas o que faz com que alguns indivíduos sejam mais seguros e realizadores enquanto outros ainda se encontram num cenário de acomodação? O que faz alguém ultrapassar seus medos e conquistar seus objetivos enquanto outros simplesmente travam diante dos obstáculos? O que faz com que pessoas sejam mais emocionalmente equilibradas enquanto outras desanimam quando são surpreendidas por acontecimentos indesejáveis?

Quero nas próximas linhas mostrar o quanto a falta do autoconhecimento, a falta da promoção de autonomia através de um processo de empoderamento podem prejudicar o êxito nos objetivos e metas e o quanto um bom processo de *Coaching* pode ajudar a tornar as pessoas mais assertivas, seguras de si e potencialmente muito mais realizadoras.

O *Coaching* e a Autoestima

Sem uma boa autoestima, é comum o indivíduo perder a autoconfiança e ficar aquém do seu poder de realização, sendo mais que necessário se empoderar para os desafios da vida. E é aí que entra o processo de *Coaching*.

Conhecido como uma técnica contemporânea com validação científica, fazendo um mix de conhecimentos da neurociência, ferramentas da administração, psicologia e gestão de pessoas, o *Coaching* visa o acompanhamento individualizado e personalizado para o desenvolvimento de competências e potencialidades. Sem dúvida, trata-se de um dos processos mais poderosos na área de desenvolvimento humano e gestão de pessoas.

O processo de *Coaching* chega ao indivíduo e às corporações como ferramenta definitiva para obter performances e resultados antes não alcançados num espaço de tempo muito mais curto, deixando seus participantes com um grande poder para acessarem suas forças internas e gerarem cada vez mais autonomia.

Um programa de *Coaching* pode ser acionado pelos mais diversos motivos, objetivos ou inquietações, tais como:

• Necessidade de alcançar um próximo nível na vida profissional;

• Transição de carreira;

• Necessidade de recolocação no mercado;

• Aperfeiçoar relacionamentos;

• Desejo de alcançar uma melhor performance pessoal e produtividade.

Os Frutos do Empoderamento

O empoderamento, tradução do termo em inglês *empowerment*, segundo o renomado educador nacional Paulo Freire, é "a capacidade de o indivíduo realizar, por si mesmo, as mudanças necessárias para evoluir e se fortalecer".

Os resultados desse empoderamento geram no indivíduo algumas competências importantes, como por exemplo:

Flexibilidade – Em alguns momentos somos surpreendidos com circunstâncias alheias a nossa vontade; no entanto, a capacidade de agirmos conscientemente como protagonistas de nossa própria história nos dá condições de entendermos o que precisa e o que não precisa ser mudado, o que precisa ou não de nossa atenção principal e assim sermos flexíveis e mais adaptáveis às intempéries da vida;

Ensinabilidade[1] – Aprender com os erros e problemas não é uma tarefa fácil. Perceber situações desagradáveis como experiência para uma boa lição mostra o quanto podemos nos servir desses *feedback*s e estarmos mais preparados para os próximos "problemas", que não serão encarados como dificuldades, mas como desafios naturalmente possíveis de serem ultrapassados;

Coragem – Uma pessoa empoderada é eficazmente corajosa. Não se importa em correr riscos, enfrentar adversidades e tentar, independente-

---

1. Ensinabilidade: atitude interna intencional e o comportamento para continuar aprendendo e crescendo na vida. Fonte: MAXWELL, John C. Às Vezes Você Ganha, às Vezes Você Aprende. Rio de Janeiro: CPAD, 2015.

mente dos resultados. É alguém que está pronto para enfrentar seus medos e que sabe colher resultados de testes bem calculados;

Amor próprio – Ser atrapalhado pela supervalorização dos defeitos tem sido uma atitude comum numa grande parte das pessoas. Assim, esquecemos dos nossos reais valores e habilidades e focamos nas limitações. Desta forma perdemos a energia necessária para realizar projetos. Recuperar o amor próprio é certamente uma das conquistas mais importantes do processo de *Coaching*;

Foco – Os estudos modernos sobre o foco mostram uma atenção diferenciada em três aspectos. O foco interno, que nos coloca em harmonia com nossos valores e decisões mais importantes; o foco no outro, que nos conecta positivamente às pessoas com que convivemos de uma forma mais produtiva e recompensadora, e o foco externo, que nos põe em dia com tudo o que está à nossa volta. Alguém que está em desarmonia com esses três tipos de foco ficará certamente desorientado, desinformado e negativamente surpreendido. Estar munido dessa força é de muita importância na obtenção de resultados;

Tomada de decisões – Uma vantagem de todo processo de autoconhecimento e empoderamento é a assertividade na tomada de decisões. Por saber o que quer, o *coachee* (aquele que recebe o programa de *Coaching*) aprende a encontrar sua missão e propósito de vida e se torna um responsável muito confiante das suas próprias decisões;

Autoliderança – A liderança prioritária na vida de um indivíduo é sua própria liderança. Saber quem é, onde está e aonde quer ir são prerrogativas daquele que decidiu comandar seus resultados pessoais. Além disso, podem-se conquistar resultados muito além das fronteiras do eu e acumular resultados na família, trabalho, amigos, finanças entre outros aspectos.

Planejamento – Uma vez que sabemos quem somos, onde estamos e para onde vamos, resta saber como vamos! O planejamento também é uma etapa desse processo. Nessa hora, o *Coach* profissional e experiente certamente saberá orientar seu *coachee* através de perguntas reveladoras que o ajudarão a encontrar clareza na direção a ser tomada, bem como a melhor estratégia em busca dos seus objetivos.

Ação – É muito comum as pessoas saberem o que não querem: perderem o emprego, ganharem mal, *stress*, dificuldades no relacionamento. Ao contrário, quando sabem o que querem fica tudo mais viável através de um bom plano de ação. De certo, entrar em ação não é uma tarefa fácil apesar de ser essencialmente prática. Mas se torna altamente definitiva para saber quem vai chegar e quem não vai ao sucesso.

Autoconhecimento

Dentre as opções mais importantes para se chegar ao sucesso pessoal e profissional, certamente podemos destacar o autoconhecimento como processo essencial para a evolução humana em todos os âmbitos.

Conhecer a si mesmo é indispensável na hora de definir estratégias, balizar as tomadas de decisões e estabelecer objetivos e metas. Na ausência do autoconhecimento, é comum nos sentirmos sem direção, inseguros e com sentimento de vazio diante dos desafios, o que nos deixa em posição vulnerável para as interferências externas e influenciadores sem conhecimento dos nossos sonhos e objetivos.

Ferramentas de análise de perfil, com alto nível de validade de resultados, podem apoiar o autoconhecimento e o processo de *Coaching*, expandindo a compreensão acerca das preferências, motivadores, estilo de comunicação e tendências comportamentais.

Responder a perguntas como: O que me deixa mais feliz? O que faço com prazer sem pedir nada em troca? O que faço por horas a ponto de perder a noção do tempo sem reclamar? Quais meus objetivos pessoais? Quais meus objetivos profissionais? Onde eu gostaria de estar daqui a cinco, dez ou 30 anos? Qual a minha maior habilidade? O que as pessoas a minha volta falam de mim? Quais os pontos onde eu preciso de uma melhora efetiva?

Essas e muitas outras perguntas mostram o quanto um processo de autoconhecimento pode levar o indivíduo para uma reflexão profunda, que não é comum no dia a dia e que lhe confere informações importantes, de forma que, sabendo quais as nossas crenças, valores e motivações e quanto esses elementos influenciam positiva ou negativamente em nossas decisões, podemos reprogramar crenças, evidenciar valores e reforçar motivos que nos levam a uma ação forte e definitiva em direção ao nosso êxito.

Saber o que me nos influencia nos dá a capacidade de lidar com pontos fortes e fracos que ficam naturalmente em evidência após o processo de autoconhecimento. Assim, podemos enfrentar deficiências que normalmente passariam despercebidas.

Além de identificar forças e fraquezas também é possível influenciar nosso estado mental, pois nosso comportamento obedece, em grande parte, a pensamentos que são diariamente nutridos por nós mesmos. Para ilustrar esta influência do nosso estado mental e a reversão de seus efeitos, relato a seguir o ocorrido com um de meus clientes, salvaguardando a confidencialidade do processo de *Coaching*.

No decorrer de nossas sessões, este cliente sempre repetia que não acreditava em seu potencial e se questionava quanto ao seu desempenho no trabalho. Logo era bombardeado por pensamentos ruins que o distanciavam cada vez mais de seus objetivos, com isso o seu estado emocional era de insegurança, medo, ansiedade. Em uma de nossas sessões, trabalhamos fortemente sobre o sistema de resultados. E assim pôde entender que a crença gera um pensamento e logo gera um estado emocional que influencia na maneira como se comporta e então influencia em seus resultados.

Seu sistema de resultados não estava de acordo com o que esperava, o seu sucesso profissional. Quando entendeu a sistemática, percebeu que precisava nutrir suas crenças, não falamos aqui de crença religiosa e sim do você acredita de verdade na vida, e logo seus pensamentos se tornam mais positivos e quando se tem isso geramos um estado emocional de confiança, empoderamento, e assim eles influenciam na maneira como iremos nos comportar e o resultado se torna muito mais satisfatório.

Decidido a entender o que estava acontecendo, o cliente conseguiu quebrar suas crenças negativas, e seus pensamentos melhoraram e com isso conseguiu paulatinamente se posicionar melhor em sua carreira. Portanto, é muito fácil sermos traídos pelo nosso estado mental por estarmos na inércia dos nossos pensamentos muitas vezes sabotadores.

Provavelmente, o maior benefício do autoconhecimento é obter a consciência do que acontece dentro de nós, mapeando de forma muito eficaz nossos padrões de comportamento, nos dando chance de mudá-los quando necessário. No entanto, mudar um padrão comportamental não é uma tarefa tão fácil como pode parecer, exige muito esforço aplicado e dedicação na transformação de hábitos e crenças limitantes. Ainda assim, se torna um trabalho praticamente impossível sem uma dose significativa de autoconhecimento.

Levando-se em consideração cada aspecto citado, entendo que não podemos simplesmente nos guardar de uma postura mais investigativa de nós mesmos, sabendo que sempre seremos surpreendidos positivamente e com certeza colheremos soluções impactantes para cada desafio. Dessa forma, o processo de *Coaching* desponta como um dos mais poderosos métodos para desempenhar essa tão importante tarefa, que é o autoconhecimento aliado a um programa de empoderamento eficaz e duradouro.

REFERÊNCIAS BIBLIOGRÁFICAS

BARBOSA, Christian. Equilíbrio e Resultado. Rio de Janeiro: Sextante. 2012. 144 p.

GOLEMAN, Daniel. Foco: a atenção e seu papel fundamental para o sucesso. Rio de Janeiro: Objetiva, 2014. 294 p.

GOLEMAN, Daniel. Inteligência Emocional: A teoria revolucionária que redefine o que é ser inteligente. Rio de janeiro: Objetiva, 2012. 384 p.

ROBBINS, Anthony. Poder sem limites: O caminho do sucesso pessoal pela programação neurolinguística. 19ª ed. Rio de Janeiro: Best Seller, 2015. 384 p.

VIEIRA, Paulo. O poder da ação: faça sua vida ideal sair do papel. São Paulo: Editora Gente, 2015. 254 p.

Coaching & Análise de Perfil

19

Líder *Coach* e o Compromisso no Sucesso Profissional do seu Time

Vanessa Milon

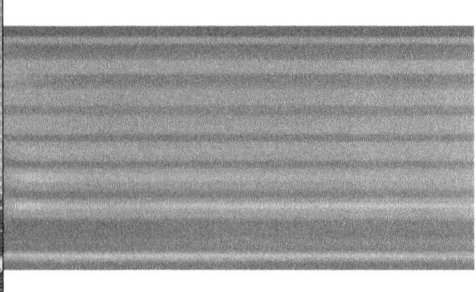

Vanessa Milon

Reúne mais de 18 anos de experiência em Recursos Humanos atuando em empresas no Polo Industrial de Manaus como: Nokia Tecnologia, INDT - Instituto de Desenvolvimento Tecnológico e VMILON Assessoria e Consultoria em RH. Atuação como *Coach* com líderes da alta direção, assim como no desenvolvimento e liderança de equipes de alta performance. Pós-graduada em Gestão Estratégica de Pessoas pela Fundação Getúlio Vargas, possui domínio de todos os sistemas de gestão de pessoas nas organizações e implantação de políticas de RH em sintonia com práticas internacionais. Pioneira na utilização da metodologia Agile na gestão dos processos de RH. Liderança do projeto vencedor do Prêmio Ser Humano da ABRH-AM de 2014. Diretora de Desenvolvimento Educacional da ABRH-AM desde 2015.

(92) 98127-1542 / (92) 98172-8150
vanessa_milon@hotmail.com

Você já parou para pensar que durante todo o seu tempo como gestor um dos seus maiores desejos é criar um time profissional excelente, competente, completo e coeso? Pois é, e você cria esse time justamente para o sucesso, o seu, o deles, o do projeto, o da empresa e o do seu chefe.

Só que é necessário parar para pensar que você não contrata uma pessoa para trabalhar com você a vida inteira, aquele time maravilhoso que você criou e desenvolveu não vai ficar com você até sua aposentadoria.

Em algum momento da vida profissional, esses caminhos vão tomar rumos diferentes, e aí ficam nos seus ombros as perguntas. Como você ajudou essas pessoas? O que você fez, ou deixou de fazer para ajudar ou atrapalhar as pessoas na sua carreira profissional?

Se as suas respostas não lhe agradaram, então é uma excelente oportunidade para fazer uma reflexão e adotar uma nova postura.

Este capítulo traz uma abordagem sobre qual é o seu compromisso no desenvolvimento profissional da sua equipe, e afirmar que você tem um papel fundamental nesse processo.

A Missão do Gestor

A grande missão do gestor é dar resultados, é proporcionar à empresa o benefício de suas decisões para que os objetivos sejam alcançados e consequentemente empresa e funcionários possam usufruir em seu benefício. Entretanto, também se espera que o excelente líder tenha a capacidade de desenvolver o seu funcionário, e consequentemente essa é uma jornada em que essas duas missões devem andar em conjunto.

Ao assumir um cargo de liderança, o profissional se depara com uma equipe que já estava ali antes da sua chegada, que conhece a empresa, e que já recebeu um investimento de capacitação e treinamento e por isso, antes de promover as mudanças que julga necessárias, uma excelente opção seria conhecer a equipe e traçar sua estratégia de alcançar o sucesso, seu e de todos.

O Primeiro Desafio

O gestor precisa entender em que é necessário colocar foco e esforço naquele momento, para que consiga fazer o planejamento das metas do setor e a gestão do seu próprio tempo, visando a sua qualidade de vida, o seu próprio crescimento e a sua satisfação pessoal por ter alcançado um objetivo.

Ao utilizar ferramentas que possibilitem essa clareza de atuação, o gestor tem a segurança para conseguir negociar prazos e formas de execução, tanto com seus superiores, quanto com os seus subordinados.

Uma vez negociada e estabelecida a missão para aquele momento, é preciso assegurar que os funcionários entendam muito bem e, o mais importante, assumam a responsabilidade daquele objetivo.

O exercício para um líder *Coach* pode ser feito durante diversos momentos, entretanto, isso pode passar despercebido ou mesmo ser desperdiçado se o gestor não tomar ciência sobre o seu verdadeiro papel, conforme o exemplo a seguir:

Antes de passar uma ordem, tente começar explicando o resultado final, ou seja, diga primeiro o que precisa ser alcançado, quais expectativas pairam sobre você e sua equipe, para que todos tenham a mesma sensação de propriedade do desafio e consequentemente assumam juntamente com você a responsabilidade pelos resultados.

Isso estimula os funcionários a adotarem uma postura proativa em relação ao papel que eles têm e qual o impacto das suas ações sobre o resultado.

Certamente, leva mais tempo e requer um pouco de paciência até que seja compreendido por todos qual o resultado a ser alcançado, entretanto, ao longo da execução, a possibilidade de erros ou desvios diminui, ou mesmo, as correções são mais rápidas, porque fica evidente se o setor está fazendo as entregas esperadas.

Nesse momento, o gestor tem a possibilidade de desenvolver a competência dos seus funcionários para os assuntos estratégicos, chamando atenção para o negócio da empresa, o mercado e contexto em que estão inseridos, os concorrentes, o governo e todos os aspectos que podem estar impactando.

Quando você não leva a mensagem da diretoria, prejudica a estratégia de disseminação do conhecimento e quebra o elo de comunicação entre a alta direção e os funcionários, e é papel seu que saibam o que o dono ou presidente da empresa precisam que façam.

É muito bacana ver que seus funcionários conseguem discernir a importância do seu trabalho sobre o todo, e vê-los se sentirem valorizados por receberem de você informações estratégicas que normalmente são tratadas de forma muito fechada e raramente são difundidas da maneira correta.

A Jornada do Desafio e do Desenvolvimento

É comum as pessoas tentarem fazer uma divisão clara sobre o momento do desenvolvimento e o momento do trabalho, entretanto, essa é uma jornada em que as duas coisas estão absolutamente juntas.

Aprender fazendo. Uma das soluções de aprendizado mais completas.

Uma das melhores coisas que podem acontecer é estar diante de desafios em que as pessoas precisam aprender coisas novas e processos novos, pois exige uma postura proativa da equipe de sair da zona de conforto.

Para que possamos alcançar os resultados, vamos agora entender a forma como as duas coisas se combinam, resultado e desenvolvimento dos liderados.

No momento em que os processos estão estabilizados, em que as rotinas passam a ser automáticas e que o dia a dia se apresenta sem tantas variáveis ou não há a necessidade de estressar a mente em busca de novas soluções, provavelmente está na hora de a equipe pensar novos projetos e repensar sua contribuição na empresa.

Alinhamento de Expectativas

Muito se fala a respeito das pessoas fazerem o que gostam e conseguirem exibir uma felicidade ao acordar todos os dias para ir ao trabalho e ao longo do dia, realizar tarefas ou desenvolverem papéis que lhe tragam sentimento de realização e satisfação pessoal.

Entretanto, é praticamente impossível as pessoas fazerem somente aquilo que gostam, pelo contrário, se você parar para pensar em si, ou conversar com as pessoas que estão ao seu redor e pedir para falarem a respeito de atividades que fazem, mas que não lhes agradam, vai notar muita gente nessa mesma condição.

A realização contínua de trabalhos que a pessoa não gosta causa uma situação de desconforto, que leva a uma insatisfação e mais adiante uma frustração ou até um sentimento de raiva e revolta, e nem sempre essa situação é percebida pelo gestor.

Na realidade, o gestor só consegue ver e perceber a consequência, que é a queda de produtividade, ambiente de trabalho ruim, reclamação ou perda daquele profissional. E, muitas vezes, o gestor não para e faz uma análise levando em consideração o trabalho e a pessoa.

A questão é que em toda organização, existem tarefas e papéis em que as pessoas gostam e que não gostam de fazer, e essa realidade não pode ser excluída na hora de fazer o planejamento e a definição das metas individuais.

Pode ser que o funcionário não goste daquela tarefa porque não percebe o valor que aquela atividade está adicionando à empresa, ou mesmo porque faltam competências apropriadas para a sua execução, mas esses aspectos serão cobertos logo adiante neste capítulo.

Quando acontece esse acerto, então a questão está resolvida. Contudo, não é tão simples assim, e precisa ser constantemente revisitado.

Time Jogando nas Posições Certas

Assim como no esporte, a vida corporativa exige um *Coach* ou líder que seja capaz de posicionar as pessoas para que assumam posições certas, e que possam usar os seus talentos de forma harmoniosa e coordenada para vencer os desafios do jogo.

A função do gestor é concentrar as suas observações para cada indivíduo da sua equipe, e priorizar as pessoas ao invés das tarefas e resultados. Trata-se de um momento distinto em que é preciso refletir com o mesmo grau de intensidade, importância e prioridade que o gestor fez ao pensar na solução dos problemas ou desafios que estão sob a sua responsabilidade.

A primeira observação a se fazer no profissional é o conjunto de conhecimentos técnicos que o credenciam a realizar tarefas ou assumir responsabilidades.

Essas informações, quando estão disponíveis em algum sistema de informações da empresa, podem ser usadas como ponto de partida para análise da equipe. Entretanto, invariavelmente, o gestor deve priorizar uma agenda para conversar individualmente com seus funcionários.

O objetivo é entender qual a formação acadêmica, os cursos e as experiências profissionais que o subordinado teve até aquele momento, pois isso vai ajudar a compreender as suas preferências e motivações.

Essa conversa inicial pode parecer uma entrevista, e o funcionário pode reagir de forma defensiva, se ele acreditar que se trata de uma forma do gestor justificar demissões para reestruturar a sua equipe com os antigos subordinados. Ressalto que esse tipo de reação não é característica de profissionais somente de nível júnior ou pleno, mas esse sentimento de insegurança também é observado entre profissionais maduros e com vários anos de experiência, pois eles criam a expectativa que podem ter um papel na empresa e estão preparados para assumir as novas responsabilidades que estão para vir.

Antes que a conversa se transforme apenas em uma maneira de o funcionário "vender" os seus serviços, o gestor tem que buscar saber qual papel e entrega efetiva ele já proporcionou.

Saber Onde Quer Chegar

Quantas pessoas você conhece que falam claramente quais são suas aspirações profissionais e quais objetivos estão buscando?

Pode parecer uma pergunta óbvia, mas muita gente não consegue responder claramente, e terão diversos argumentos para justificar a falta de uma meta específica.

As pessoas sofrem uma certa pressão social para responderem que fazem aquilo que gostam, pois não há sinônimo maior de sucesso, principalmente se a pessoa tem êxito.

Algumas empresas utilizam processos de mapeamento de desempenho que incluem rodadas de avaliações de competências em que as pessoas precisam responder sobre suas aspirações e desejos de futuro.

Essa parte do processo é importante para que possa ser estabelecido um plano de desenvolvimento visando que os esforços e investimentos de tempo e dinheiro possam ser canalizados de maneira efetiva, evitando o desperdício.

Certamente você vai se deparar com pessoas que sabem, e com aquelas que não sabem, e a tratativa será diferente entre eles, porque o gestor deve adotar posturas que podem ser de catalizador, ou de orientador. Ou seja, a postura do líder *Coach* será fundamental para que o funcionário possa buscar as suas aspirações, mantendo o nível de entrega esperado.

Preferências e Motivações

É muito gratificante o gestor sentir que contribuiu para o desenvolvimento de um profissional determinado a alcançar um objetivo, mas é compensador quando você ajuda alguém a se descobrir.

Pode ser considerado raro o profissional que tem uma meta realmente clara. E o que isso significa?

Quando dizemos que a pessoa sabe onde quer chegar e ela passou pelos seguintes estágios:

- Escreveu o que exatamente quer fazer. Se é um cargo, ou um negócio.
- Escreveu o prazo em que quer alcançar o objetivo.
- Escreveu qual a expectativa de remuneração.

Essa forma de reflexão é referendada por especialistas e estudiosos sobre o assunto, como a professora de MBA Daniela do Lago.

Entretanto, quando você pede para alguém que nunca pensou nessas coisas, ou já chegou a pensar, mas de fato nunca escreveu, vai perceber a imensa dificuldade em responder essas três perguntas.

Ao longo da vida profissional, precisamos ter o cuidado de ficar constantemente nos olhando para evitar cair na armadilha de se deixar ser levado pelos acontecimentos dos fatos, como se fosse vítima, caso as situações não sejam boas, ou felizardo se a pessoa se depara com situações positivas.

O problema é que quando você pede para alguém escrever seus objetivos de futuro se depara com um exercício que não é tão fácil, e não se trata de uma inspiração que vem do dia para a noite.

Trata-se de um processo de descoberta, em que os primeiros passos consistem em se autoconhecer.

Nesse momento, o gestor pode usar ferramentas que ajudam não só ao seu trabalho, mas certamente, podem ser considerados verdadeiros presentes para os funcionários.

Trata-se de ferramentas que identificam suas preferências ou estilos, e não se tratam de ser certas ou erradas, apenas apontam características que ajudam bastante no processo de comunicação, no entendimento da capacidade de resiliência, tolerância ao estresse, relações com as pessoas, entre outras.

Potencializando o que Há de Melhor

Em via de regra os processos de desenvolvimento visam melhorar os chamados pontos fracos das pessoas, entretanto eu sou adepta de outra forma de melhoria de desempenho.

Melhorar o que já é bom.

Considerando que o tempo das pessoas é pequeno, então é necessário fazer escolhas e estabelecer prioridades, porque não há maneiras de melhorar tudo.

Já falei que as pessoas têm suas preferências ou aquilo que conseguem fazer melhor ou assuntos que dominam. Se isso for algo importante para a empresa, ou se for uma competência valorizada pelos stakeholders, então é sinal de que quanto maior o seu domínio, melhor será aproveitado para os resultados da empresa.

Entretanto se essas competências não forem de seu domínio, então é necessário que haja um foco para que o funcionário consiga o nível suficiente para uma boa execução

Não significa que a pessoa precisa se tornar um especialista, mas que alcance o nível suficiente para as entregas.

Aquelas competências em que o funcionário tenha domínio, mas não são consideradas importantes, são "legais para se ter", mas que podem esperar.

E por último, repense na hora de investir tempo e dinheiro em algo que não é valioso para o stakeholder, tampouco para você.

Todos Crescem

Um líder cercado de bons profissionais não passa desapercebido, os resultados da sua equipe, as atitudes e comportamentos passam a ser visíveis a todos na organização.

Profissionais de sucesso respeitam líderes competentes, e o elo dessa relação é a confiança estabelecida entre as pessoas.

Buscar os melhores profissionais faz com que o próprio líder busque conhecimento e se mantenha atualizado, e dessa forma a jornada do desenvolvimento é para todos, tanto para o líder *Coach* quanto para os seus funcionários.

REFERÊNCIAS BIBLIOGRÁFICAS

CHARAN, R., BOSSID, L. *Execution: The Discipline of Getting Things Done, Crown Business*, 2002.

COVEY, Stephen R. *Wildly Important Goal (WIG) The 4 Discipline of Execution*. Training Material.

PERCIA, André; BATISTA, Lídia; SITA, Mauricio (Organizadores). *Team & Leader Coaching*. São Paulo: Editora Ser Mais, 2014.

PINK, D., Motivação 3.0. Tradução Bruno Alexandre São Paulo: Elsevier, 2010.

ULRICH, D., SMALLWOOD, N., SWEETMAN, K. O Código da Liderança. Rio de Janeiro: Best Seller, 2009.

Coaching & Análise de Perfil

Liderança de Dentro para Fora: o Poder do Autoconhecimento

Vanusa Cardoso

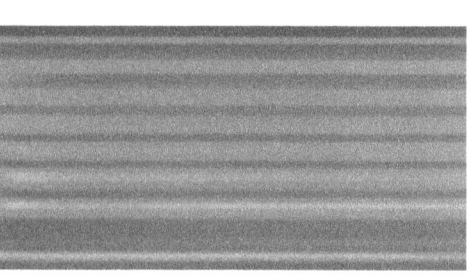

VANUSA CARDOSO

Psicóloga, master *Coach*, especialista em Dinâmica dos Grupos (SBDG) e em Consultoria e Instrutoria Empresarial (Univali). Certificada em Análise de Perfil Pessoal e de Equipes pela *Extended* DISC®. Diretora executiva da Vanusa Cardoso *Coaching*, possui 16 anos de vivência na área de Desenvolvimento Humano, com experiência em todos os subsistemas de RH em cargos estratégicos de grandes companhias. Atendeu mais de uma centena de empresas de diversos Estados do Brasil com Consultoria de RH, *Coaching* Group e *Executive Coaching* e ministrou treinamentos comportamentais para milhares de pessoas. Atende a coachees dos EUA, ampliando e readequando conhecimentos e metodologias para o universo online. Professora da disciplina Master *Coach*, na pós-graduação de Psicologia das Organizações e *Coaching*.

(48) 3047-0477 / (48) 9101-3077
www.vanusacardoso.com.br
vc@vanusacardoso.com.br

Por que escolhi este tema? Porque de fato acredito que quando olhamos para dentro conseguimos nos resgatar, curar, desenvolver e nos potencializar!

Este capítulo tem como objetivo provocar, instigar e trazer reflexões práticas sobre o poder da liderança.

Antes de falarmos de liderança começo a primeira provocação. Como podemos liderar de verdade?

Na minha vivência e estudo sobre o tema nos últimos 16 anos chego à seguinte conclusão: antes de liderarmos o outro precisamos liderar a nós mesmos.

Este conceito chamo de ser "líder de si". Este para mim é o grande pilar, o grande segredo da liderança sustentável.

Mas, como liderar a si mesmo? Olhando para dentro, investindo em seu autoconhecimento!

Como sempre fui muito curiosa e pesquisadora sobre o tema autoconhecimento, tive a oportunidade de conhecer e experimentar muitos instrumentos científicos.

Todos os instrumentos estudados me ajudaram muito a ampliar minha janela de consciência, mas confesso que o *Extended* DISC® aliado à metodologia *Coaching* me deram as respostas tão procuradas nestes anos de jornada interna.

Digo jornada interna, pois acredito que só serei competente em algo que vivencio, por isso, não adiantaria escolher trabalhar com autoconhecimento e líderes se eu mesma não vivenciasse este processo profundo e maravilhoso de descoberta interna.

E como liderar de dentro para fora? Apresento aqui dois pilares em que acredito e utilizo como método de trabalho há mais de uma década com líderes de pequenas, médias e grandes empresas.

E o mais maravilhoso é que, independentemente do nível de liderança (Junior, Pleno ou Sênior) ou porte da companhia ou complexidade do cargo de liderança, este método se aplica perfeitamente.

Meu propósito aqui é conseguir expressar conhecimentos, cases e provocações sobre autoconhecimento e liderança de forma simples, prática e principalmente lógica, remetendo a dois pilares que envolvem o viés da ciência do comportamento humano.

Pilar 1 - Seja Líder de Si

Antes de ser líder do outro, seja líder de si! Como? Recomendo que faça a Análise Pessoal *Extended* DISC®, e mergulhe em quem você realmente é e em como você está. Sim, são diferentes os conceitos.

Na ferramenta, você terá duas fotografias, da sua essência e do meio (como você está hoje). Com estas duas análises poderosas você entenderá de fato quais são suas potencialidades (luz) e o que para você é mais difícil de acessar (sombra).

Quando entendemos isso é incrível o quanto de fato nos "libertamos". Cito esta palavra pois é exatamente assim que meus coachees ressaltam nos atendimentos individuais e em grupo. Dizem assim: "Agora entendo porque estou sofrendo tanto", ou então, "puxa, como seria maravilhoso se tivesse acesso a este relatório e devolutiva do *Extended* DISC® anos atrás. Certamente eu teria evitado muitas decisões, e teria tomado outras totalmente diferentes na minha vida".

Entendem o poder destes dois breves depoimentos?

As pessoas quando olham para si se reconhecem e passam a viver de fato "de verdade", respeitando sua essência. Com isso reduzem drasticamente os conflitos internos pois passam a dizer "agora sim eu me entendo" ou então dizem "agora sei porque fui tão dura em tal situação" e assim por diante.

É isso que é mais apaixonante neste trabalho, pois acredito de verdade que ele transforma a vida das pessoas e as mesmas passam a tomar decisões mais coerentes com a sua luz e talento natural. Com isso, conseguem chegar mais próximo da "liderança de si", pois passam a respeitar a sua essência e focar no seu melhor.

Qual o resultado disso? Menor gasto de energia, mais equilíbrio interno, escolhas conscientes e certamente um sentimento de plenitude e estados mais constantes e intensos de felicidade.

Remeto aqui à tal sonhada felicidade pois de fato acredito que para sermos mais felizes precisamos olhar para dentro e perceber sintonia entre o pensar, sentir e agir.

Faz sentido para você?

Pilar 2 - Conheça as Pessoas

Agora que você já refletiu sobre o poder de conhecer a si mesmo, provoco você para conhecer as pessoas a sua volta.

Quando digo conhecer é "olhar vendo" e não simplesmente enxergar. Convido você a fazer uma boa limpeza nos seus óculos e neste exato momento perguntar-se: como são as pessoas que convivem comigo? O que as motiva? O que as desmotiva?

Muitos líderes me procuram pedindo uma fórmula de liderança, sabe o que eu respondo?

Lidere com os óculos do outro e não com os seus, aí conseguirás a tão sonhada alta performance e pessoas de fato engajadas.

Percebem o poder que isso tem? Quando os líderes se transformam, quando se humanizam isso cria um "eco", ou seja, a empresa, os relacionamentos e as crenças se ressignificam e os comportamentos mudam.

Os líderes passam a entender a sua real missão e incorporam de fato esse papel com autorresponsabilidade e propósito.

Qual a consequência disso tudo? Resultado na certa para todos os envolvidos (líderes, liderados e companhia)!

Acredito na seguinte lógica: pessoas - processos - resultados, ou seja, prepare, instrumentalize e engaje as pessoas, estas estarão preparadas, dispostas e com vontade de fazerem acontecer os processos, e, "bingo", o resultado acontece!

Parece mágica, mas não é! É lógica do comportamento humano, simples assim!

Mas agora é que vem o desafio e a grande pergunta que me fazem: como preparo, instrumentalizo e engajo as pessoas?

Neste momento remeto ao famoso CHA (conhecimento, habilidade e atitude). Ou seja, novamente é um processo lógico, antes de mais nada para você buscar o engajamento das pessoas (atitude) você precisa certificar-se se esta pessoa que você lidera possui o conhecimento. Caso não tenha, não cobre da mesma algo que nem ela sabe como fazer. Ou você já nasceu sabendo dirigir? Não tem jeito, antes de mais nada, se você de fato quer liderar seu time com excelência, identifique a fase de cada integrante da equipe, ou seja, se alguém ainda precisa de conhecimento é isso que você precisa oferecer, este é o "alimento" de que ele ou ela precisa.

Muito bem, agora que o conhecimento já foi transmitido, o que precisamos fazer? Treinar, treinar, treinar! Remeto novamente o exemplo do aprender a dirigir. Adianta fazermos as aulas teóricas e não praticarmos?

Obviamente que não, a habilidade é como se fosse um músculo, precisamos treinar para mantê-lo forte.

E, após termos a habilidade bem desenvolvida, aí sim teremos condições de perceber as atitudes.

Mas agora você poderá me perguntar: por que algumas pessoas têm um excelente conhecimento, são extremamente habilidosas, no entanto não estão motivadas e estão sem ou com baixa performance e atitude?

Preparei para você **duas possibilidades** de acordo com minha vivência e conhecimento sobre o funcionamento dos grupos e mecanismos psicológicos:

A primeira é de total responsabilidade do líder!

Para que as pessoas tenham atitude e engajamento precisam se sentir importantes, necessitam ver "sentido, significado e resultado" no que fazem.

Será que você, líder, está percebendo o potencial de cada um do seu time e potencializando a luz em cada pessoa que você lidera?

Para ser mais específica, gostaria de apresentar um case que recentemente atendi.

Um líder (gerente) possuía um perfil alto D (Dominância), ou seja, uma pessoa com elevado ímpeto, energia para o resultado, veloz, que adora desafios e bastante impaciente.

Este líder estava liderando uma pessoa alto S (eStabilidade), ou seja, paciente, estável, seguro, persistente, modesto e com um ritmo de trabalho mais tranquilo.

O que imaginam que aconteceu?

O líder (alto D) reclamava que o seu colaborador (alto S) era "marcha lenta", que queria que o mesmo fosse mais intraempreendedor, que ousasse, que fosse em busca de desafios.

E o colaborador (alto S) reclamava do líder ressaltando que o mesmo o deixava inseguro, que nunca tinha uma rotina, que atrasava seu trabalho porque seu líder sempre mudava as coisas no meio do caminho, que só queria fazer seu trabalho de forma perfeita, mas que seu líder o atropelava sempre com seu ritmo acelerado e ansioso demais.

Percebem o conflito? Quem está certo?

A resposta é: os dois!

Este é o grande segredo da liderança que tenho descoberto em todos os anos da minha jornada conduzindo grupos e atendendo executivos.

Só se consegue liderar colocando os "óculos do outro", então, se você lidera alguém que precisa de desafios e agilidade "dê este alimento a ele", mas se você lidera uma pessoa que necessita de estabilidade, rotina, ordem e tranquilidade para trabalhar é só isso que ele/ela precisa para produzir. Faça o alinhamento dos prazos possíveis, agende reuniões de acompanhamento com metas estabelecidas e deixe a pessoa trabalhar "em paz", é assim que ela terá alta performance.

Ou seja, conheça as pessoas e dê a elas o nutriente de que precisam. A maioria dos líderes erra porque quer dar para o outro o que para ele é importante, mas o grande equívoco é que isso é do que ele gosta e precisa, e nem sempre é o que o seu liderado precisa.

Este é o segredo, se conheça e conheça o outro, e lidere o outro da forma que ele funciona e não como você funciona. Com isso você conseguirá despertar o que há de melhor em cada um do seu time, tendo como resultado a alta performance!

A segunda é de responsabilidade dos dois (liderado e líder)

Trago aqui o conceito de maturidade de equipe, ou seja, caso você, líder, tenha transmitido conhecimento, treinado as habilidades da sua equipe, no entanto ainda percebe falta de atitude por parte de alguns, provoco você a fazer as seguintes reflexões:

Como está a maturidade emocional deste colaborador(a)?

Será que esta pessoa está vibrando no arquétipo do adulto, criança ou pai?

O que são estes arquétipos? Estes são embasados e explicados em uma das teorias da psicologia chamada Análise Transacional, criada e desenvolvida por Eric Berne. Ele observou que em cada pessoa existem três partes distintas e funcionais, as quais denominou Estados de Ego. Definiu um estado de Ego como "um sistema de emoções e pensamentos", acompanhado por um conjunto de padrões de conduta.

O que quero dizer de forma prática com isso? Que você precisa perceber como você líder está liderando com base nestes três funcionamentos, pois os mesmos irão disparar mecanismos diferentes no outro.

Trazendo para a prática, se você é um líder autoritário, mas ao mesmo tempo é paizão, é bem possível que você gere na equipe um sentimento de criança, ou seja, você poderá infantilizar o seu time de forma inconsciente.

E é exatamente por isso que muitos líderes trazem a queixa: "Puxa, peço as coisas e não acontece, precisei eu mesmo ir e fazer a tarefa".

E eu provoco você, líder! O que você está fazendo?

Tem dado *feedbacks* objetivos e focados no resultado que você espera?

Tem feito contratos de autorresponsabilidade com seu time? Ou ao invés disso você repassa a atividade, não acompanha e próximo ao final do prazo fica irritado porque as pessoas não entregam? Briga, se exalta e depois fica tudo bem? Percebe o que aconteceu aqui? Se você age na frequência do arquétipo líder "pai" você terá vários filhos.

E o que é sadio? Vibrar "líder e liderado" no arquétipo do adulto, ou seja, o que é combinado não sai caro.

Você dá conhecimento, treina as habilidades, delega as atividades de acordo com a luz de cada um e acompanha e cobra os resultados de acordo com metas possíveis.

Caso o resultado seja eficiente e lhe surpreenda positivamente, você, como líder, deve fazer o quê? Reconhecer este colaborador (com um elogio ou outros métodos de meritocracia padrão da companhia). Mas, por favor, faça este reconhecimento com entusiasmo.

Sabem o significado da palavra entusiasmo? A palavra entusiasmo vem do grego e significa "Ter Deus dentro de si", não é maravilhoso? Portanto, no momento de reconhecer faça-o com toda sua energia e entusiasmo, líder!

No entanto, caso o resultado não ocorra, você, líder, precisará fazer uma intervenção, dando um *feedback* de aprimoramento claro e específico ao seu colaborador.

Neste *feedback* é de suma importância que ao final seja feito um novo contrato de compromisso com os resultados. Cabe ao líder acompanhar, e ao colaborador buscar pela melhoria da sua performance visto que está claro o caminho que esperam dele.

Isso é agir no arquétipo adulto, é ter integridade e assertividade para expressar o que está ótimo e o que precisa de aperfeiçoamento, sempre com muito amor/verdade.

Agir com amor/verdade é conseguir expressar-se de forma franca e sincera (com verdade) e ao mesmo tempo com empatia e sensibilidade (amor).

Quando você, líder, consegue internalizar e aplicar na prática esta técnica do amor/verdade, certamente manterá suas relações mais tempo no arquétipo do adulto e consequentemente sua equipe crescerá de forma quântica em termos emocionais.

Com isso, tudo fica mais leve, os vínculos se fortalecem e cria-se um clima de confiança mútua!

Conclusão

Para fechar este capítulo gostaria de expressar em forma de ciclo uma síntese das reflexões apresentadas.

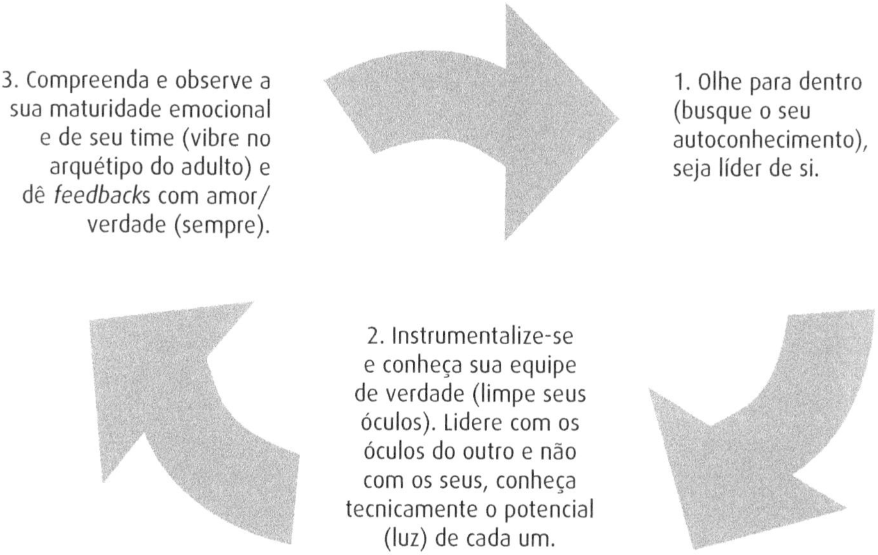

1. Olhe para dentro (busque o seu autoconhecimento), seja líder de si.

2. Instrumentalize-se e conheça sua equipe de verdade (limpe seus óculos). Lidere com os óculos do outro e não com os seus, conheça tecnicamente o potencial (luz) de cada um.

3. Compreenda e observe a sua maturidade emocional e de seu time (vibre no arquétipo do adulto) e dê *feedbacks* com amor/verdade (sempre).

Diante de todas estas reflexões e provocações, fortaleço ainda mais a minha crença de que é possível sim liderar com propósito, fazer a diferença na vida das pessoas e levar "eco de transformação para o planeta".

Como fazer isso? Olhando para dentro e acreditando na luz de cada ser humano que se conectar com você!

REFERÊNCIAS BIBLIOGRÁFICAS

BENNIS, Warren; NANUS, Burt. Líderes: estratégias para assumir a verdadeira liderança. São Paulo: Editora Harbra, 1988.

HERSEY, Paul; BLANCHARD, Kenneth H. Psicologia para administradores: a teoria e as técnicas da liderança situacional. São Paulo: EPU, 1986.

KRAUSZ, Rosa R. Análise Transacional Aplicada às Organizações. Ed. Nobel, 1985.

MOSCOVICI, Fela. Equipes dão certo: a multiplicação do talento humano. Rio de Janeiro: José Olympio, 2002.

OLIVEIRA, Marco Antonio G.; SHINYASHIKI Roberto T. Análise Transacional nas Organizações. São Paulo: Ed. Nobel, 1985.

http://prleonir.blogspot.com.br/2014/05/v-behaviorurldefaultvmlo.html acesso em 20 de maio de 2016.

COACHING & ANÁLISE DE PERFIL

21

A Comunicação no Processo de *Coaching*

VLADMIR STANCATI

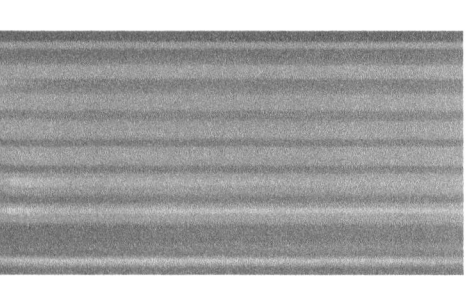

VLADMIR STANCATI

Engenheiro mecânico formado pela FEI, especializado em Gestão da Qualidade e Controle Estatístico de Processos pela Escola Politécnica da USP, pós-graduado em Gestão de Pessoas pela FGV-SP (Fundação Getúlio Vargas) e MBA em Gestão Empresarial pela FDC (Fundação Dom Cabral). Ministrou cursos de Liderança e *Coaching* em 13 diferentes países, na Europa e na América. É diretor de Desenvolvimento Humano e Organizacional da Festo Brasil e professor da FGV-SP desde 2008, lecionando "Liderança e Inovação", "Gestão de Pessoas" e "Negociação".

vladmir.stancati@gmail.com

A palavra "comunicação", cuja origem vem do latim "communicatio", significa o ato de distribuir, de repartir, ou simplesmente tornar comum. Comunicação é a ação de tornar comum uma ideia entre duas ou mais pessoas. Aprendemos nos bancos escolares que a boa comunicação, para fluir, precisa de cinco elementos: emissor, receptor, canal, código e mensagem.

Todos esses elementos são absolutamente imprescindíveis, sem os quais um processo de comunicação simplesmente não acontece. Vejamos: o emissor é aquele que pretende comunicar algo, o receptor, naturalmente, aquele que irá receber a mensagem.

O canal é o meio através do qual a comunicação ocorre. Pode ser em linguagem escrita ou falada, é o instrumento pelo qual a comunicação vai ocorrer. O código necessita ser dominado e conhecido tanto pelo emissor quanto pelo receptor, pois é através dele que a interpretação da mensagem se dará. Neste momento estou me comunicando com você, leitor, através da língua portuguesa, que você e eu dominamos. Entretanto, se este livro fosse publicado na Dinamarca, em Português, provavelmente o bom processo de comunicação (tornar comum a ideia) não aconteceria.

Finalmente, temos a mensagem, aquilo que se pretende comunicar.

Abaixo, vou citar três exemplos que vivenciei em minha carreira e vida pessoal a respeito de distorções que podem ocorrer em um processo de comunicação:

Certa vez, quando eu atuava como engenheiro da qualidade de uma grande multinacional, um colega solicitou à assistente da área que comprasse uma pequena lata de WD40, um lubrificante bastante conhecido. Qual não foi nossa surpresa quando, ao chegarmos à área, algumas horas depois, nos deparamos com 40 latas de WD40, e não apenas uma... Sorte a nossa que o produto não se chamava WD1000, ou teríamos um estoque para muitos anos!

Em outra ocasião, li um manual de processos no qual constava a seguinte frase: "São proibidas soluções técnicas de emergência na linha de montagem". Fiquei surpreso com a frase e perguntei ao responsável o que exatamente ele queria dizer com aquilo, e a resposta foi: "Não quero que sejam feitas gambiarras na produção...". Ponderei que a diferença entre uma "gambiarra" e uma solução técnica de emergência pode ser bastante grande... Sendo assim, teria sido melhor usar a palavra gambiarra, mesmo, para não haver dúvidas.

Meu pai era maratonista, e dos bons: quando ele corria uma maratona, os filhos, entre eles eu, ficavam pelo caminho a fim de municiá-lo (a ele e à minha mãe, que também fazia maratonas) com água e chocolate. Naquela ocasião, as corridas de rua não tinham tanta estrutura quanto possuem hoje, por isso, esta ação era mais que bem-vinda, às vezes fazia a diferença entre chegar bem ou não ao final de uma corrida. Ao concluir a Maratona da Cidade de São Paulo, certa vez, ele, que tinha barba e cabelos longos e brancos, disse-me, chateado, que alguém, assistindo à corrida, lá pelo quilômetro 30, gritou: "Vai, Museu!" Perguntei-lhe se ele reagiu, e ele disse que não, pois estava bastante cansado. Imaginem passar por essa situação...

Meses depois, ao acabar mais um de seus treinos no Parque da Independência, igualmente situado na cidade de São Paulo, um rapaz chegou perto dele e lhe disse: "Vi o senhor na maratona há alguns meses e, como não sabia seu nome, gritei "vai, Museu" para incentivá-lo, pois o vejo sempre treinando aqui no Museu do Ipiranga...

Bem, o Museu do Ipiranga é o nome popularmente conhecido do Museu Paulista, da Universidade de São Paulo, que fica dentro dos limites do Parque da Independência, onde ele treinava. Obviamente, ele, assim como eu, conectou a palavra Museu ao fato de já ser um senhor de idade, e não ao fato de ele treinar nas imediações do Museu... Que bom que lhe faltou fôlego durante a corrida para reagir ao estímulo!

Comunicação, de fato, pode ser uma armadilha. Fico pensando em quantos relacionamentos, pessoais e profissionais, já se acabaram em função de um processo de comunicação ineficaz.

Dentro de um processo de *Coaching*, o ato de ouvir ativamente é absolutamente crucial. Ouvir ativamente, no século XXI, é uma verdadeira arte. Mas de que se trata, afinal? Trata-se de focar, verdadeiramente, a atenção no outro, sem se "pegar" pensando no que vai dizer enquanto a outra pessoa ainda está falando. Trata-se de aprofundar-se na experiência que o outro está relatando, e buscar todos os detalhes, fazer com que o *coachee* (aquele que recebe o processo de *Coaching*) escute também a si mesmo e pense em alternativas, sem que você precise lhe dar "o caminho das pedras". Esta é a verdadeira arte do *Coaching*.

O problema é que normalmente não escutamos bem. Façam o teste. Lembrem-se da última vez em que relataram uma experiência a alguém, por exemplo: "Nesse fim de semana machuquei meu pé jogando futebol". O que o seu interlocutor lhe disse, em seguida?

Apostaria com vocês que, na maior parte das vezes, ele lhe disse algo como: "É mesmo? E eu machuquei minha mão há cerca de um mês jogando vôlei, e ainda sinto algumas dores". Por que isto acontece? Porque temos uma necessidade de colocarmos nossas experiências também para o outro, porque nos julgamos importantes para que o outro também nos ouça.

Em um processo de escuta ativa, isto não deve acontecer. Lembrem-se, na escuta ativa, o foco é o outro. As perguntas deveriam ser: "É mesmo? Não sabia que você jogava futebol. Está melhor agora? Como foi o lance? Marcou o gol? Há quanto tempo você joga? Qual foi o resultado do jogo? Você pratica outros esportes?" etc. etc.

Não há nada que homenageie melhor uma pessoa do que ouvi-la atentamente e ativamente. Ao chegar em casa, depois de um longo dia de trabalho, seu marido, ou esposa, começa a conversar com você enquanto você está "apenas" dando uma olhada na TV... Como essa pessoa se sente?

Crescemos e "aprendemos" que aquele que fala detém o poder, e a ele a atenção é maior. O bebê que chora mais alto tem sua fralda trocada antes da dos outros bebês, a criança mais falante recebe mais atenção da professora, e assim por diante. De alguma maneira, temos arraigadas em nossas mentes a ideia de que aquele que ouve está em um papel um tanto quanto mais submisso. Mas isso não é verdade. Saber ouvir, de fato, é um papel que deve ser cada vez mais valorizado. Quem de nós, ao conversar com alguém, nunca deixou de olhar nos olhos da outra pessoa para virar-se para o computador ou para verificar uma mensagem no celular? Seu gestor não faz isso? Ou, pior, ainda lhe diz: pode continuar a falar, estou ouvindo você, mas concluindo um trabalho aqui em meu *notebook*. Ora, tanto melhor seria marcar um novo horário, e concentrar-se de fato naquilo que se está fazendo.

Vivemos uma fase em que dificilmente estamos de "corpo e alma", de verdade, na atividade que está sendo executada. Recordar-se constantemente do passado e antecipar o futuro, ou mesmo "desligar-se" daquele momento e sintonizar outra "estação" tem sido extremamente comum.

Outro dia mesmo, assistindo a um jogo de futebol no estádio (jogo que estava muito bom, aliás) não pude deixar de notar um garoto que não tirava os olhos de seu celular. Para minha surpresa, quando olhei para a tela do aparelho, ele estava... assistindo àquele mesmo jogo, que estava passando na TV!

A situação parece um tanto quanto patológica e preocupante. Não estamos presentes, de verdade, onde de fato estamos. Um grande fator de *stress* que tenho visto nas corporações, ao longo de minha carreira, é justamente estar em uma reunião preocupado e planejando como será a próxima. A participação acaba sendo prejudicada em ambas!

O *Coach* eficaz é aquele que, durante as sessões, está verdadeiramente focado naquela atividade e está ouvindo seu *coachee* atentamente. Faz, por isso mesmo, as perguntas certas, nos momentos certos, despertando os *insights* tão necessários ao desenvolvimento do *Coaching*.

O bom *Coach*, pelo fato de ter a escuta ativa entre seus hábitos mais profundos, está permanentemente "antenado". Sabe ir além das superficialidades com as quais muitas vezes nos relacionamos para sentir, de fato, o clima organizacional existente na área.

Os Sons da Floresta

Há uma antiga lenda oriental segundo a qual o mestre pede para que seu aprendiz se dirija à floresta e, uma vez ali, que esteja atento aos seus sons para depois relatá-los. O aprendiz achou que a missão era bem simples, e a cumpriu rapidamente, relatando posteriormente ao mestre os sons que ouviu: o rugir das feras, o barulho do trovão e o vento que passava por entre as árvores.

O mestre disse que ainda não era o que esperava, e pediu a seu aprendiz que retornasse. Entre muitas idas e vindas, o aprendiz, uma vez na floresta, teve uma iluminação: estava tão atento e concentrado que podia ouvir a gota do orvalho caindo por sobre as folhas, as pétalas de flores se abrindo e até mesmo o bater das asas de uma frágil borboleta.

Um bom *Coach* vai além dos ruídos e dos sons audíveis a todos: ele consegue ir além, de maneira sutil, e ouvir o que ninguém está disposto a escutar.

É muito importante, para o *Coach*, saber identificar o estilo de comunicação de seu *coachee* para que o diálogo flua de uma maneira ainda mais intensa e produtiva. Uma das boas ferramentas disponíveis para entender melhor o estilo de comunicação de seu *coachee* é o *Extended* DISC®, que possibilita uma análise comportamental das pessoas a partir de sua resposta natural a fatores com os quais se identifica: Dominância, Influência, Estabilidade e Conformidade.

Imagine que você tenha um *coachee* cujo estilo "Dominância" seja preponderante. Ele tenderá a ser direto, às vezes até mesmo brusco. Provavelmente, irá querer dominar a conversa e, muitas vezes, tentará exercer a "comunicação" de forma unilateral, podendo ser imponente e impaciente. Ao comunicar-se com um *coachee* de perfil D, lembre-se de ser direto e ir ao ponto, agindo com bastante franqueza. Aprecie a discussão, sem desejar dominar a conversa, e aja prontamente, pois ele decide rapidamente. Auxilie-o a concentrar-se mais em sentimentos e emoções, a ouvir mais e dedicar mais tempo a conversas sociais.

Ele precisará trabalhar sua própria paciência e ter cuidado para não dominar as interações, a fim de não transmitir a percepção de ser indelicado, o que pode prejudicar imensamente a comunicação.

Já um *coachee* cujo estilo "Influência" seja predominante, deve ser muito falante, amigável mesmo. Muitas vezes não é direto em expressar suas necessidades verdadeiras. Procura evitar ou mesmo postergar situações desagradáveis. É usualmente inspirador e tem bastante facilidade em fornecer *feedback* que seja construtivo, falando abertamente sobre pessoas e emoções.

Ao comunicar-se com ele, reserve tempo para conversar, crie um ambiente amistoso. Estar próximo é importante e lembre-se de ter ainda mais atenção quando o tema for delicado, pois ele tem dificuldade em falar sobre temas negativos. Ajude-o a ser mais direto quando falar sobre este tipo de assunto.

Você também pode auxiliá-lo a ser menos emotivo e reforçar para que ele acompanhe mais os processos, concentrando-se mais nos detalhes e nos fatos.

Ao comunicar-se com um *coachee* cujo estilo "Estabilidade" seja preponderante, o *coachee* provavelmente cria relacionamentos com base na confiança, tende a falar com calma e sente-se mais à vontade em conversas individuais. Demonstra empatia e ouve com paciência, procurando o consenso, responde quando é solicitado e prefere conversar com grupos pequenos. Ao comunicar-se com ele, crie confiança e forneça informações de forma que ele se sinta seguro. Fale de maneira lógica e assegure compromissos passo a passo, sendo muito sincero. Ajude-o a diminuir o foco em detalhes, sendo mais objetivo. Lembre a ele que não é possível agradar a todos e para que ele tenha cuidado de não transparecer ser defensivo, mantendo as emoções sob controle. Auxilie-o a ser mais expressivo e mais animado.

No caso de um *coachee* cujo estilo "Conformidade" seja predominante, ele pode parecer bastante quieto e reservado. Prefere até comunicar-se por escrito e pode perder-se nos detalhes, não se expressando com facilidade com relação às questões pessoais e preferindo basear-se em fatos e números. É usualmente orientado por regras. Ao comunicar-se com ele, forneça dados, respeitando seu espaço. Apresente as informações de uma maneira lógica. Mas não se esqueça de ajudá-lo a falar mais abertamente, sendo mais expressivo e entusiástico. Auxilie-o para que ele passe mais tempo conversando sobre assuntos sociais, focando menos nos detalhes e tomando cuidado para que ele não pareça frio ou distante.

Devemos nos lembrar sempre de que a comunicação eficaz possibilitou à Humanidade todos os avanços, técnicos e comportamentais. É através dela que o ser humano transmite, de geração para geração, seus valores, suas conquistas e seu patrimônio histórico e cultural. É também com a ausência dela que tantos conflitos são criados e tantas guerras são iniciadas.

Não a subestimemos, portanto. Para o processo de *Coaching*, não poderia ser diferente: a arte de "tornar comum uma ideia", com uma nobre finalidade, nunca foi tão crucial.

Sucesso!

REFERÊNCIAS BIBLIOGRÁFICAS

www.extendeddisc.com.br - *Extended* DISC Brasil – Acesso em 10 de maio de 2016.
www.sbcoaching.com.br - Sociedade Brasileira de *Coaching* – Acesso em 10 de maio de 2016.

Faça parte deste time de SUCESSO!

A Editora Leader tem uma coletânea de livros sobre Coaching*, uma das mais poderosas ferramentas da atualidade.

Confira!

(11) 3991 6136   contato@editoraleader.com.br

www.editoraleader.com.br

*Livros sobre Coaching publicados até julho/2016

CATÁLOGO
Faça parte deste time de SUCESSO!

Editora Leader

PNL
- PNL & COACHING
- PNL para PROFESSORES
- PNL nas organizações
- A Arte da Comunicação Através da PNL

LIDERANÇA
- LIDERANÇA ESTRATÉGICA
- Práticas de LIDERANÇA
- Liderança e Espiritualidade
- Coaching para Liderança

VENDAS
- GIGANTES DAS VENDAS
- COACHING aplicado à área de VENDAS
- O vendedor SAMURAI
- VENDAS & ATENDIMENTO
- Como VENDER MAIS

EMPREENDEDORISMO / CARREIRA / GESTÃO
- DICAS DE MULHERES INSPIRADORAS
- EMPREENDEDORISMO
- dicas de GESTÃO & CARREIRA de um EMPREENDEDOR
- COACHING para Gestão de pessoas
- A NOVA GESTÃO NA ERA DO CONHECIMENTO
- Iniciando uma CARREIRA BRILHANTE
- SEGREDOS DO SUCESSO: Da teoria ao topo: histórias de executivos da ALTA GESTÃO

DESENVOLVIMENTO PESSOAL
- MOTIVAÇÃO - A chave para o sucesso pessoal e profissional
- LIBERTE SEU PODER
- COMO TRANSFORMAR SUAS IDEIAS EM UM LIVRO
- Psicologia Positiva
- DESENVOLVENDO HABILIDADES & ATITUDES VENCEDORAS
- CONTOS DE ALICE

- A HORA DA VIRADA
- CORRIDA DA VIDA
- PAREM A CARRUAGEM... O COCHEIRO SUMIU
- SANTIDADE VELADA
- ERICKSONIANA
- Quanto vale R$ 1.500.000?
- AMOR, PRAZER, FELICIDADE
- Bullying
- PARALÍMPICOS
- eSocial - Você e sua empresa estão preparados?

Um livro muda tudo!
(11) 3991 6136
contato@editoraleader.com.br
www.editoraleader.com.br

Prezado leitor,

Você é a razão de esta obra existir, nada mais importante que sua opinião.

Conto com sua contribuição para melhorar ainda mais nossos livros.

Ao final da leitura acesse uma de nossas mídias sociais e deixe suas sugestões, críticas ou elogios.

WhatsApp: (11) 95967-9456
Facebook: Editora Leader
Instagram: editoraleader
Twitter: @EditoraLeader

Editora Leader